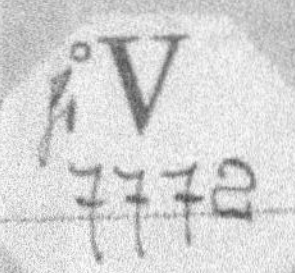

DOCUMENTS POUR SERVIR A L'HISTOIRE DE LA CÉRAMIQUE
DANS LE SUD-OUEST DE LA FRANCE

IX

UN CÉRAMISTE AGENAIS A BORDEAUX

PIERRE-HONORÉ BOUDON DE SAINT-AMANS

(1829-1837)

OU

Deux Manufactures de Faïence fine à Bordeaux, au XIXe siècle

PAR

ERNEST LABADIE

AGEN
MAISON D'EDITION ET IMPRIMERIE MODERNE
43, rue Voltaire

1916

A la Bibliothèque Nationale
Don de l'auteur

UN CÉRAMISTE AGENAIS
A BORDEAUX

OUVRAGES DU MÊME AUTEUR

Documents pour servir à l'Histoire de la Céramique dans le Sud-Ouest de la France.

I. — Lettres sur la Céramique : Correspondance de Jacques Hustin, faïencier bordelais (1715-1720). — 1904, in-8°.

II. — Le Pharmacien Bordelais Marc-Hilaire Vilaris et la découverte du premier gisement de kaolin en France (1766-1768). — 1907, in-8°

III. — Notes et Documents sur quelques faïenceries et porcelaineries de la Gascogne au XVIIIe siècle (Samadet, Bayonne, Saint-Maurice et Ligardes; Dax, Ciboure et Pontenx). — 1908.

IV. — Notes et Documents sur quelques faïenceries de l'Agenais et du Bazadais. — 1908.

V. — Notes et Documents sur trois faïenceries du Libournais du XVIIIe siècle (Libourne, Fronsac, Lussac). — 1909.

VI. — Notes et Documents sur quelques faïenceries du Périgord du XVIIIe siècle (Bergerac, Thiviers, Le Bugue, Le Fleix). — 1910.

VII. — Notes et Documents sur trois faïenceries du Bordelais du XVIIIe siècle (Podensac, Sadirac et Lignan). — 1910.

VIII. — Quelques Notes d'état-civil pour servir à l'histoire des faïenceries de la Saintonge et de l'Aunis. 1915.

Les Porcelaines Bordelaises, notice historique sur une manufacture de porcelaine à Bordeaux sous Louis XVI. — 1913, in-8°, avec planches en couleurs.

POUR PARAITRE PROCHAINEMENT

La Céramique Bordelaise. Histoire des Faïenceries et Porcelaineries de Bordeaux aux XVIIIe et XIXe siècles.

TYPES DES FAIENCES FINES

Fabriquées dans les Manufactures bordelaises de Lahens et Rateau et de Johnston (1829-1840)
d'après les procédés de Bourdon de Saint-Amans

(Pièces de la Collection de l'auteur)

TYPES DES FAÏENCES FINES

Fabriquées dans les Manufactures [illegible]

[illegible]

DOCUMENTS POUR SERVIR A L'HISTOIRE DE LA CÉRAMIQUE
DANS LE SUD-OUEST DE LA FRANCE

IX

UN CÉRAMISTE AGENAIS A BORDEAUX

PIERRE-HONORÉ BOUDON DE SAINT-AMANS

(1829-1837)

OU

Deux Manufactures de Faïence fine à Bordeaux, au XIXe siècle

PAR

ERNEST LABADIE

AGEN
MAISON D'EDITION ET IMPRIMERIE MODERNE
43, rue Voltaire

1916

Extrait de la *Revue de l'Agenais* (1915)

Tiré à 50 exemplaires

AVANT-PROPOS

C'est grâce aux connaissances techniques de l'agenais Pierre-Honoré-Boudon de Saint-Amans que la ville de Bordeaux a possédé, au XIXe siècle, deux manufactures de faïence fine à la façon anglaise, une première fabrique, dès 1829, qui n'a eu qu'une courte durée, et ensuite celle de Johnston qui, créée en 1835, a eu de longues années de prospérité.

Saint-Amans a joué un rôle très important dans l'industrie céramique pendant la première moitié du XIXe siècle, on trouve son nom dans tous les ouvrages qui traitent de cette industrie, il a publié plusieurs notices sur certains procédés de fabrication, mais on ne connaît ni sa biographie, ni ses ouvrages, ni ses procédés. Nous n'avons pas à nous occuper ici du savant céramiste avant ou après son passage à Bordeaux, nous laissons ce soin à l'érudit qui nous donnera un travail complet sur la vie inconnue jusqu'à présent de ce chercheur infatigable, mais nous croyons devoir faire connaître, dès maintenant, les quelques notes biographiques que nous avons pu recueillir sur lui, et surtout la part qu'il a prise à l'organisation des deux fabriques bordelaises de faïence. Ces notes pourront servir utilement à celui qui voudra écrire la vie du céramiste agenais.

Nous donnerons sur la première faïencerie qu'a établie Saint-Amans sur la propriété de M. Rateau, dans la palu de Bacalan-Bordeaux, des renseignements très complets, parce que cette première fabrique n'a eu qu'une existence très courte et que Saint-Amans l'a dirigée presque jusqu'à la fin, mais quant à la grande manufacture de Johnston, continuée jusqu'à la fin du XIXe siècle par J. Vieillard et ses fils, nous n'en dirons que quelques mots, Saint-Amans l'ayant quittée deux ou trois ans après l'avoir installée.

C'est surtout Saint-Amans, céramiste à Bordeaux, qui fera l'objet de cette notice.

Edw. L.

Bordeaux, mars-avril 1915.

UN CÉRAMISTE AGENAIS A BORDEAUX

PIERRE-HONORÉ BOUDON DE SAINT-AMANS

(1829-1837)

---

§ 1. — NOTES BIOGRAPHIQUES SUR SAINT-AMANS AVANT SON ARRIVÉE A BORDEAUX.

Pierre-Honoré Boudon de Saint-Amans était né à Agen, le 9 mai 1774. Il était fils du célèbre naturaliste et archéologue agenais, Jean-Florimond Boudon de Saint-Amans (1748-1831), qui a laissé de nombreux ouvrages d'érudition sur l'archéologie et l'histoire naturelle régionales (1).

Nous n'avons pu apprendre que peu de choses sur la jeunesse de notre céramiste. Un de ses biographes a écrit qu'ayant émigré en Angleterre en 1793, il étudia dans ce pays la fabrication de la porcelaine et de la faïence chez Pellet et Green, à Londres, et que lorsque cet important établissement brûla, en 1812, il rentra en France et fut autorisé à faire, à la Manufacture de Sèvres, des essais de fabrication de faïence fine anglaise ou terre de pipe (2). L'auteur de ces détails biographiques, Adolphe Magen, érudit agenais très connu, était bien placé pour avoir des renseignements sur la vie de son concitoyens, mais nous ne croyons pas cependant que Saint-Amans

---

(1) Voir sur Florimond Boudon de Saint-Amans : BARTAYRÈS, *Eloge de Saint-Amans*, recueil des travaux de la Société d'agriculture, sciences et arts d'Agen, t. III (1834), pp. 137-172. — F. JOUANNET, *Eloge de M. Jean-Florimond Boudon de Saint-Amans*, Académie royale des Sciences, Belles-lettres et Arts de Bordeaux. Séance publique du 5 juillet 1832, p. 89-110. — JULES ANDRIEU, *Bibliographie de l'Agenais*, 1887. — PH. LAUZUN, *la Société académique d'Agen* (1776-1900), Paris (Agen), 1900, avec portrait de Saint-Amans.

(2) AD. MAGEN, *Rapport sur les nouveaux procédés de décoration des poteries inventés par M. de Saint-Amans*. — Agen, 1830, in-8°.

soit resté en Angleterre de 1793 à 1812. S'il y avait émigré il aurait pu rentrer en France avant cette dernière date.

Un autre écrivain, érudit très consciencieux, lui aussi, a écrit que « il y a quelques années, M. de Saint-Amans partit pour le comté de Stafford pour pénétrer les secrets de la fabrication des produits anglais. Il y séjourna plusieurs années, visita toutes les manufactures et y connut tous les procédés employés (1). » Il doit y avoir là exagération, car on sait avec quelle précaution les secrets de fabrication sont tenus dans les manufactures et surtout dans les faïenceries, et il n'est pas probable que les anglais, très jaloux toujours de leurs procédés, les aient communiqués à un étranger comme Saint-Amans auquel il a été impossible, d'un autre côté, de visiter, comme le prétend l'auteur dont nous venons de reproduire les notes, toutes les manufactures anglaises, car à cette époque, dans le seul comté de Stafford, il y en avait plus de cent. Mais il est certain que Saint-Amans séjourna en Angleterre à ce moment ou plus tard, qu'il y étudia la fabrication céramique du pays et qu'il en rapporta certains procédés qu'il utilisa ensuite en France.

Nous nous étonnons que Magen et Jouannet n'aient pas été plus précis dans ce qu'ils ont écrit à ce sujet, car ils étaient contemporains de Saint-Amans, et ils auraient pu obtenir de lui-même des détails plus exacts; il est vrai que celui-ci était très ombrageux, comme tous les inventeurs et plus peut-être que d'autres, comme on le verra dans la suite de cette notice, et qu'il n'a pas tenu à renseigner ces deux érudits.

D'ailleurs Saint-Amans lui-même, dans les écrits qu'il nous a laissés, a été très réservé dans les quelques détails qu'il nous donne sur son séjour en Angleterre, ainsi que sur ses études et ses premiers essais céramiques. Le savant agenais a eu des difficultés avec presque tous les directeurs d'établissements où il avait été autorisé à procéder à ses essais, aussi bien à Sèvres qu'à Creil et à Choisy-le-Roy et à Bordeaux, où il avait

---

(1) P. Jouannet, *Rapport sur les poteries fabriquées par M. de Saint-Amans à la manière anglaise.* — Agen, 1832, in-8°.

trouvé deux associés qui lui fournirent des fonds et un local pour établir une fabrique, il se brouilla avec ces deux négociants et l'affaire se termina par un procès. A l'occasion de ce procès Saint-Amans publia deux mémoires (1). Dans le premier, qui parut en 1831, il nous apprend, au début, qu'il commença ses essais en 1812 à Sèvres et qu'il les termina en 1829. Après de nombreuses tentatives à Sèvres, il alla en 1820 visiter les poteries, en Angleterre, il y fit plusieurs voyages successifs et il en revint riche d'observations. Mais il ne parle pas, dans ce mémoire, de son séjour prolongé en Angleterre pendant la Révolution. Dans le second mémoire, publié en 1833, au contraire, il nous fait savoir que « prisonnier en Angleterre par les chances des combats » il y consacra tout son temps à explorer ce pays pendant plusieurs années. Revenu en France, il obtint de l'Empire de faire à Sèvres, c'est-à-dire en 1812, ses essais de fabrication, autorisation qui lui fut continuée sous la Restauration. Ses premiers produits furent exposés en 1827, au Louvre, à l'exposition de l'industrie.

Mais Saint-Amans avait publié, avant ces deux mémoires, un opuscule sur l'introduction en France de la fabrication des faïences fines anglaises (2), et il nous apprend qu'en 1812 le ministre de l'intérieur Chaptal prit l'initiative de faire faire à Sèvres des essais de fabrication de faïences anglaises. Ces essais ne réussirent pas et le projet fut abandonné. Saint-Amans persuadé, après des études sur le sujet, qu'il y avait en France des éléments nécessaires pour ce genre de fabrication, fit deux voyages en Angleterre pour y étudier les procédés employés et, à son retour, il fut autorisé à faire, en 1822, des essais à la Manufacture royale de Sèvres dont Brongniart était directeur.

---

(1) *Mémoire avec pièces justificatives relatif à la cause des poteries anglaises, entre les sieurs de Saint-Amans et Lahens et Rateau, présenté à MM. les arbitres nommés par le Tribunal de Commerce de Bordeaux.* Bordeaux, s. d., in-4°. — *Mémoire de Saint-Amans en réponse à celui qu'ont signifié MM. Lahens et Rateau.* — Agen, 1833, in-4°, avec pl.

(2) *Exposé des faits relatifs à l'introduction en France d'une fabrication de poteries à l'instar des fabriques anglaises, avec des matières françaises.* — Paris, s. d., in-4°.

On voit que d'après les différentes versions de Magen, de Jouannet et de Saint-Amans lui-même que nous venons de reproduire, il est assez difficile d'établir d'une manière exacte le *curriculum vitæ* du céramiste agenais avant son arrivée à Bordeaux, cependant nous avons dans ces publications certains détails qui concordent assez bien et qui vont nous permettre de le suivre dans ses différents voyages et dans ses premiers essais de fabrication en France.

Saint-Amans a-t-il séjourné, pendant la Révolution, avant l'Empire, en Angleterre comme émigré, ainsi que l'a prétendu Magen, ou comme prisonnier de guerre, comme il l'a écrit lui-même ? Dans son mémoire de 1833 a-t-il voulu cacher qu'il avait émigré et a-t-il cru qu'il était plus honorable pour lui de dire à ce moment, en 1833, qu'il avait été « prisonnier en Angleterre par les chances des combats » ? C'est possible, mais cela n'a qu'une importance secondaire, du moins pour ce qui concerne notre travail. Ce qu'il y a de sûr, c'est qu'il séjourna plus ou moins longtemps en Angleterre pendant la Révolution, qu'il y étudia les procédés de fabrication qui y étaient employés et que ce n'est qu'en 1812 qu'il fit ses premiers essais à Sèvres, sur l'initiative du ministre Chaptal.

Comme Saint-Amans nous l'a appris lui-même, dans sa brochure sur l'introduction en France de la fabrication des faïences fines anglaises, ses premiers essais faits à Sèvres en 1812 ne réussirent pas, et il fit alors deux voyages en Angleterre, en 1820 et 1821, pour y étudier les procédés employés ; à son retour il fut autorisé à faire de nouveaux essais à Sèvres. Il avait un procédé pour fabriquer des cristaux avec incrustations, il les avait communiqués aux Anglais en échange de leurs procédés de fabrication de faïences fines (1).

A la Manufacture de Sèvres il fit construire à ses frais un petit four pour procéder à des essais de fabrication de pièces, « soit en grès, soit en faïence et demi-porcelaine, couvertes d'un émail sûr et inaltérable », mais il paraît qu'il ne s'entendit pas

(1) J. Andrieu cite, dans la *Bibliographie de l'Agenais*, deux ou trois brochures publiées par Saint-Amans au sujet de cette fabrication de cristaux.

avec Brongniart, le directeur de la manufacture, et il alla ailleurs faire des offres de service.

En 1824, il passa un traité avec M. de Saint-Cricq, directeur de la manufacture de Creil (Oise), créée en 1796, pour fabriquer des faïences anglaises d'après les procédés connus de M. de Saint-Amans, mais le traité fut rompu en 1826. Il en fut de même à Choisy-le-Roy, fabrique fondée en 1804, et à Montereau (Seine-et-Marne), usine remontant à 1775; partout Saint-Amans échoua, il ne put s'entendre avec les directeurs de ces établissements, il eut même des procès avec eux et il accusa ces directeurs de ne pas avoir voulu faire les dépenses nécessaires. On verra qu'il en sera de même à Bordeaux. C'est le cas d'ailleurs de tous les inventeurs qui sont souvent implacables quand il s'agit de se procurer les capitaux nécessaires à l'exploitation de leur industrie.

Après avoir échoué dans les différentes manufactures que nous venons d'indiquer, Saint-Amans dut revenir à Sèvres où il avait, sans doute, laissé le four qu'il avait fait construire en 1822 et son outillage, car, au printemps de 1829, il exposa au Louvre, à la Société d'encouragement, et le rapporteur, M. Pouillet, membre correspondant de l'Institut, dit, dans son rapport, qu'il y aurait lieu d'accorder à M. de Saint-Amans une distinction honorifique pour les produits qu'il a exposés, obtenus dans les fours qu'il avait fait construire à la manufacture de Sevres, et qui ont été très remarqués.

C'est à cette exposition du Louvre, en 1829, que Saint-Amans fit la connaissance de M. Rateau, négociant à Bordeaux, associé à M. Lahens fils. M. Rateau possédait, dans la banlieue de cette ville, dans la palu de Bacalan, au bord de la Garonne, une propriété appelée alors Fouquerol, nom devenu depuis Fourguerolles, où se trouvait un gisement important d'argile qui, pensait M. Rateau, pourrait servir à la fabrication de la faïence et alimenter une manufacture établie sur ce domaine. Il en fit part à Saint-Amans, l'invita à venir à Bordeaux pour se rendre compte par lui-même de ce gisement d'argile de sa propriété. Saint-Amans vint à Bordeaux en septembre 1829, reconnut le gisement d'argile du domaine de

Fouquerol et, le 26 septembre, il passait un traité avec MM. Lahens fils de l'aîné et J.-François Rateau, négociants, pour la création et l'exploitation d'une manufacture de faïence sur ce domaine de Fouquerol.

Voici ce qu'a écrit Salvetat, chef des travaux chimiques à la Manufacture de Sèvres, dans ses *Leçons de Céramique* (1857), au sujet de Saint-Amans et de ses procédés : « Les fabriques de faïences fines de Montereau, de Choisy-le-Roy, de Paris, de Chantilly et de Creil négligèrent leurs produits qui ne constituèrent bientôt qu'une poterie honteusement médiocre, sale et de très mauvais usage... Dans ces circonstances, vers 1824, se placent les publications de M. de Saint-Amand (*sic*), sur les produits anglais recueillis et examinés par lui pendant plusieurs voyages en Angleterre. D'après M. Brongniart, les premiers essais datent d'une manière authentique de 1824, 1827, 1829 et 1830. A cette époque, les établissements de Creil, de Montereau, de Choisy-le-Roy, de Toulouse, d'Arboras, de Bordeaux, de Longwy et de Gien, ou n'existaient pas ou n'avaient rien produit d'analogue à ce que nous nommons *porcelaine opaque*. C'est donc aux idées répandues par M. de Saint-Amand et aux premières notions publiées par lui, quelque incomplètes qu'elles aient été, qu'il est juste d'attribuer l'élan que prit dans notre pays la fabrication de ces poteries... Mais si l'idée, pour ainsi dire théorique, appartient à M. de Saint-Amand, c'est à la fabrique de Montereau, puis bientôt à celle de Creil qu'on doit la réalisation pratique de l'idée, c'est-à-dire la véritable introduction industrielle de la poterie dite, en France, porcelaine opaque. En ce qui concerne plus particulièrement les faïences fines, l'Exposition de 1855 a permis de constater que toutes les poteries à pâte fine et sonore, celles du Staffordshire, de Creil, de Montereau, de Bordeaux, etc., réunissent un ensemble de qualités qui en font une poterie bien précieuse pour les usages domestiques... »

Nous venons de dire sur Saint-Amans tout ce que nous avons pu apprendre sur son existence avant l'établissement de sa faïencerie à Bordeaux, mais avant d'aborder le sujet principal de cette notice, la faïencerie de Bacalan, nous croyons devoir dire quelques mots sur ce produit anglais, appelé improprement faïence fine ou terre-de-pipe, et que l'on confond très souvent avec la vraie faïence et même avec la porcelaine.

§ 2. — La faïence fine anglaise.

C'est en Angleterre qu'on fabriqua pour la première fois ce genre de poterie. Il n'y eut pas chez nos voisins d'Outre-Manche, au XVIIe siècle, de manufacture de faïence proprement dite, de faïence à émail stannifère, comme on en vit en Italie d'abord, puis en France, en Hollande et en Allemagne, les produits de cette nature y étaient importés de France et surtout de Hollande, des célèbres manufactures de Delft. Au XVIIe siècle et jusque vers le milieu du XVIIIe, on n'a fabriqué dans la Grande-Bretagne que des grès et de la poterie vernissée, poterie de couleurs variées, rouge ou noire, et recouverte d'un vernis plombifère, vitreux, et les fabriques de Lambeth, de Bristol, de Liverpool et celles surtout du comté de Stafford furent célèbres pour leurs poteries et leurs grès, ces derniers à la façon allemande.

C'est au commencement du XVIIIe siècle, vers 1720, qu'on a fabriqué, pour la première fois, en Angleterre, cette poterie blanche ou couleur crème (*cream colour*) qu'on appela depuis en France faïence fine anglaise, terre de pipe, porcelaine opaque ou demi-porcelaine. C'est encore au hasard, comme pour le kaolin de Saxe et celui de Saint-Yrieix en Limousin, qu'on doit la composition de la pâte de la faïence anglaise. Nous empruntons, en l'abrégeant, au *Dictionnaire de la Céramique* d'Edouard Garnier, l'ancien conservateur du musée de Sèvres, le récit un peu légendaire de cette découverte.

« C'est à Burslem, dans le comté de Stafford, que la pâte de la faïence fine reçut, dans la première moitié du XVIIIe siècle, la qualité remarquable qu'elle tire de l'introduction du silex calciné dans sa composition. C'est au fils du potier anglais,

Atsbury, qu'on doit cette découverte... Le père, employé dans la fabrique de poterie que les frères Elers, de Nuremberg, avaient établie, vers 1690, à Bradwell et où ils produisaient ces beaux grès blancs et rouges, à glaçure mince, s'empara, en contrefaisant l'idiot, des secrets de fabrication de ses patrons, et alla fonder ensuite une manufacture semblable à Shelton. Son fils reconnut la propriété du silex calciné dans la composition de la pâte de la poterie par un pur hasard. Dans un voyage qu'il fit à Londres, il dut s'arrêter à Demstable pour soigner son cheval d'une ophtalmie dont il était atteint. Le maître de l'auberge où il était descendu lui ayant conseillé d'employer, pour guérir son cheval, du silex calciné, Atsbury remarqua que le silex, noir avant la calcination, avait pris une belle couleur blanche, il pensa qu'il pourrait blanchir la pâte de ses poteries en y introduisant cette matière, et de retour chez lui essaya ce procédé dont il obtint les résultats satisfaisants qu'il avait prévus. Ce fut le point de départ des perfectionnements apportés plus tard dans la fabrication de ces sortes de poteries, qui, suivant la nature de leur pâte, leur degré de cuisson et la composition de leur couverte, sont ou de véritables faïences fines (*earthen ware*, produits de terre) ou de grès-cérames (*stone ware*, produits de pierre) ou même de véritables porcelaines artificielles. »

En somme, cette nouvelle poterie se compose en principe, d'après Th. Deck, l'habile céramiste, ancien directeur de la Manufacture de Sèvres, « d'argile blanche à grains très fins et de silex broyé ; la couverte plombifère ou feldspathique, c'est-à-dire faite avec un mélange d'argile, de kaolin et de silex. C'est de la poterie vernissée fine et non de la faïence proprement dite. C'est à cause de la présence du silex dans la pâte qu'on a encore appelé ce produit « caillouteux, en anglais *stone ware* et qu'on en a attribué l'origine à la légende du cheval d'Atsbury en 1720 (1). »

Comme on le voit, il y a une très grande différence entre la composition de la faïence fine anglaise et la faïence propre-

(1) Th. Deck, *La Faïence*, 1887, in-8°.

ment dite. Celle-ci est revêtue d'un émail opaque très dur et très blanc, à base de plomb et d'étain, qui, tout en cachant par son opacité la matière première, l'argile rouge ou grise, offre une surface blanche sur laquelle on peut appliquer les couleurs les plus variées, rendues inaltérables par une vitrification au grand feu, et résistant ainsi à tous les usages domestiques. Il n'en est pas de même de la faïence fine : son argile étant blanche par elle-même, on n'a pas eu à la cacher par un émail opaque blanc, on s'est contenté de la revêtir d'une couverte simplement plombifère, transparente, vitreuse, qui se prêtait peu au décor polychrome au grand feu et qui, de plus, n'offrait aucune résistance à l'usage. Mais ce nouveau produit était plus léger, de formes plus élégantes et plus variées que la faïence, il devint vite à la mode, d'autant plus que sa fabrication, étant plus facile, on pouvait le livrer à meilleur marché, et l'industrie s'en empara jusqu'au jour où le public s'aperçut de sa médiocrité et revint à la faïence et à la porcelaine.

De plus, le décor de la faïence fine s'obtenait souvent au moyen d'impression, et ce mode de décoration sera très employé plus tard en France, à Montereau, à Creil, et à Bordeaux chez Johnston et Vieillard. « Ce procédé de décoration par impression sur faïences fines, écrit encore Salvetat, a été employé en Angleterre, d'abord à Worcester vers 1750, et plus tard en 1780 par Sadler et Green, impression sur glaçure, et a reçu depuis en France, depuis 1806, des perfectionnements considérables. On l'appliquait en Angleterre pour la décoration des faïences fines sous couverte et cette méthode s'est étendue en France pour la décoration des poteries similaires qui se font sur une très grande échelle à Creil, à Sarreguemines, à Bordeaux, à Montereau. Sur une planche en acier, en cuivre, en laiton, on dessine soit par gravure au burin, soit à l'eau forte, un sujet qu'on transporte sur une feuille de papier. L'épreuve, faite avec une couleur grasse, abandonne le papier lorsqu'on met celui-ci par l'envers en contact avec un liquide aqueux. En comprimant avec une roulette l'épreuve et la pièce à décorer, le dessin reste sur la pâte. On brûle l'essence dans le moufle avant de mettre en vernis. »

Plus tard, on essaya de remplacer les planches au burin par la lithographie pour tirer les épreuves à impression, mais ce nouveau procédé ne donna que des résultats médiocres et on dut l'abandonner.

On lit dans la *Statistique de la Gironde* (1843) t. II, 2ᵉ partie, p. 353 :

« Depuis longtemps on cherchait les moyens d'appliquer la lithographie au décor de la poterie; la découverte en était réservée à M. Légé, l'un des meilleurs lithographes de Bordeaux. Jusqu'ici, tous ces jolis sujets en noir ou en couleurs, qui ont enjolivé les produits de la céramique anglaise et de la nôtre, étaient dus à des épreuves de gravures sur cuivre; or, on sait le haut prix de la gravure sur métal, tandis que les sujets lithographiés s'obtiennent, se multiplient et se varient à peu de frais. L'économie du nouveau procédé est évidente, l'art aussi y gagne. Le crayon a, sur la pierre, un moelleux auquel le burin atteint difficilement sur le métal. On a pu en juger à la dernière exposition des produits de l'industrie. M. Légé y exposa des vases de toutes les formes, en faïence, en grès, en porcelaine, tous décorés d'applications lithographiques, en noir, en couleurs, en camées, en or, et dans tous on remarqua le moelleux, la netteté et la pureté des traits les plus délicats. La Société philomathique a confirmé le jugement qu'en avait déjà porté le public; elle a récompensé d'une médaille d'argent le succès de l'artiste. Cette industrie n'est encore exercée par son auteur que sur une très petite échelle, mais elle a de l'avenir et l'avenir ne lui manquera probablement pas. » Et l'auteur ajoute en note : « M. Légé vient d'étendre son mode d'application; il décore en or les bouteilles destinées au logement des vins fins, ou de quelques liqueurs choisies. Il s'est aussi pourvu d'un brevet pour cette exploitation industrielle. »

C'est alors que Saint-Amans qui, après avoir quitté Bordeaux vers 1837, s'occupait toujours de recherches sur la fabrication céramique, sur son domaine de Lamarque dans le Lot-et-Garonne, inventa un nouveau mode de gravure pour impression. Il remplaça la planche de cuivre par la pierre sur laquelle il faisait graver le dessin en relief et non en creux, et au moyen de la galvanoplastie, il obtenait des contre-clichés sur lesquels on tirait les épreuves. Ce procédé, plus économique et plus rapide que la gravure en taille-douce, donna d'assez bons résultats, bien que l'impression ainsi obtenue manquât un peu de finesse dans les demi-teintes. Il envoya en 1850, à l'exposition de Londres, un lot de faïences décorées par son nouveau procédé qui eurent un certain succès (1).

Mais cette décoration par impression, qui donnait des spécimens très variés, mais toujours d'un dessin très chargé et souvent empâté, ne résistait pas longtemps à l'usage, elle s'effaçait assez facilement et on dut bientôt l'abandonner pour la remplacer par un autre procédé plus stable et moins lourd. D'ailleurs, à la fin du XIXe siècle, on renonça à la faïence fine à cause de ses défauts et on revint à la faïence à émail stannifère, en somme à l'ancienne faïence et surtout à la porcelaine dont les prix étaient devenus plus abordables.

Les Anglais ont-ils bien été les premiers à produire ce genre de faïences fines et n'avaient-ils pas connu ces faïences fabriquées au XVIe siècle, en Vendée, décrites d'abord sous le nom de faïences de Henri II, attribuées en premier lieu à un atelier d'Oiron, près de Thouars (2), et qu'un de nos concitoyens, M. E. Bonnaffé, a reconnues dernièrement pour avoir été fabriquées à Saint-Porchaire, près de Parthenay (3) ? C'est possible. Ce qu'il y a de sûr c'est que les faïences de Saint-Porchaire ne sont pas de la faïence à proprement parler, à couverte dure ou stannifère, et encore moins de la porcelaine, en dehors de leurs formes très originales et de leur décor très fin et très artistique, elles ont par leur pâte à cassure blanche et leur vernis tendre, plombifère ou alcalin, beaucoup d'analogie, comme composition et couverte sinon par leurs formes et leur décor, avec les faïences fines anglaises. Ce n'est pas de

(1) A. Magen, *Rapport sur de nouveaux procédés de décoration des poteries inventés par M. de Saint-Amans.* — Agen, 1850, in-8°.

(2) Benjamin Fillon, *l'Art de terre chez les Poitevins*, Niort, 1864, in-4°. — Clément de Ris, *Notice sur les faïences françaises, dites de Henri II.* 1871, in-8°.

(3) Ed. Bonnaffé, *Les faïences de Saint-Porchaire.* — Paris, in-8°.

la faïence, c'est de la poterie vernissée. On peut en dire autant des faïences de Bernard Palissy, leur couverte est plombifère, sans étain, par conséquent c'est de la poterie vernissée.

D'ailleurs, poterie, faïence, porcelaine, céramique, ces mots n'indiquent nullement la nature des matières dont se composent tous ces produits : céramique rappelle que les premiers habitants de la terre, qui ignoraient l'argile et le tour du potier, se servaient des cornes des animaux, en grec *κέρας*, pour contenir les liquides (1); porcelaine est un coquillage, appelé aussi coquille de Vénus, auquel on a comparé les premières porcelaines venues de Chine; faïence est le nom d'une ville italienne, *Faienza*, où l'on croit que les premières faïences ont été fabriquées bien qu'on ait pu confondre avec deux autres villes, *Faïenza* en Provence ou *Valencia* en Espagne, car il est bien certain que c'est de ce dernier pays que sont partis les premiers ouvriers qui ont introduit ce produit en Italie, et que c'est dans ce pays de Valence que se fabriquaient les célèbres faïences hispano-mauresques; enfin poterie, du bas-latin *potus*, boisson, désigne bien un ustensile à boire et cependant on désigne avec ce mot toutes sortes d'objets en terre jusqu'à des briques et des tuiles. Bernard Palissy avait donné à cette industrie le nom d'*art de terre*, d'autres ont appelé ce produit de la *terre cuite*, ce qui est à peu près exact sauf que l'argile n'est pas de la terre et que toutes ces matières premières, kaolin, feldspath, craie, terre de pipe, etc., sont des argiles plus ou moins pures, blanches, grises ou rouges, des silicates d'alumine. On a souvent essayé de classer tous ces objets céramiques d'une manière scientifique, notamment en deux grandes classes, poteries opaques, comme les poteries lustrées, vernissés et les faïences à émail stannifères, et poteries translucides comme les porcelaines tendres et dures ; on peut voir ces classifications dans les ouvrages de

---

(1) Les habitants de la Gaule de l'âge préhistorique ne connaissaient pas le tour du potier, mais ils fabriquaient à la main de la poterie d'une forme parfois très artistique. Voir : J. Déchelette, *Manuel d'archéologie préhistorique celtique et gallo-romaine*, 1908-1910, 2 vol. in-8°, *passim*, et *les Vases céramiques ornés de la Gaule romaine*, 1904, 2 vol. in-4°.

Brongniart, *Traité des arts céramiques* et de Bourry, *Traité des industries céramiques*, mais toutes ces savantes nomenclatures sont arbitraires et les appellations employées plus ou moins fantaisistes.

Reprenons le récit de Ch. Garnier : « Des fabriques furent fondées en grand nombre en Angleterre, non seulement dans le Staffordshire, mais encore dans tous les pays, à Burslem, à Hanley, à Newport, à Leeds, à Liverpool, à Fulham, à Lambeth, etc. Les frères Green établirent à Leeds, dans le comté de Suffolk, une fabrique de faïences fines, de couleur un peu jaunâtre (*cream colour*), enrichie de reliefs ou délicatement découpées à jour, qui peuvent être considérées comme des spécimens les mieux réussis de la faïence fine... Mais c'est avec Wedgwood, un céramiste de génie, que la faïence fine anglaise atteignit son plus haut degré de perfection.

« Josiah Wedgwood était né à Burslem, dans le comté de Stafford, en 1720, où son père Thomas dirigeait une poterie. Josiah travailla d'abord chez son frère Thomas, successeur de leur père, mort en 1739, il s'associa ensuite avec Harrisson, de Stoke, et Weildon, de Fenton, et en 1759 il revint à Burslem où il fonda une première fabrique, puis une seconde et enfin une troisième dans laquelle il créa cette belle poterie couleur crême (*cream colour*) dont il présenta des échantillons à la reine Charlotte, femme de Georges III, qui l'autorisa à prendre le titre de fournisseur de la Reine, d'où le nom *Queen's ware*, poterie de la Reine, donné depuis à ce genre de poterie. La manufacture de Wedgwood prit dès lors une extension considérable et ses produits jouirent d'une très grande réputation; elle occupait tout un village près de Burslem auquel Wedgwood avait donné le nom d'Etruria, en souvenir de ce pays de l'antiquité auquel il avait souvent emprunté les formes et le décor de ses poteries (1). »

---

(1) Voir sur les faïences anglaises : A.-H. CHURCH, *English earthenware made during the 17-th et 18-th century* London, 1905, in-8°. — Le même, *Wedgwood, master pottery*, London, 1903. — N.-H. MOORE, *Wedgwood and his imitators*, London, 1909, in-4°. — L.-M. SOLON, *The Art of the old English potter*, London, 1885, in-8°.

En France, à Paris d'abord, on fabriqua de la faïence blanche dès 1730, et en 1743 on créa, dans la rue de Charonne, la manufacture dite du Pont-aux-Choux, dont les produits, de couleur crême, imitaient ceux d'Angleterre. D'autres établissements du même genre furent fondés depuis, à Douai en 1780, par deux anglais, les frères Leigh, à Sarreguemines en 1770, par Utzschneider, à Montereau par les anglais Clark, Staw et Cie en 1775, à Creil en 1796, ces deux dernières fusionnèrent en 1834 et existent encore, à Lonwy, en 1798, par M. d'Huart, à Choisy-le-Roy, en 1804, par Paillard frères, à Gien, en 1822, par Hall, à Toulouse en 1788. Cette dernière fabrique est peu connue, c'est à peine s'il en est dit quelques mots dans les ouvrages traitant de l'histoire de la céramique et comme Toulouse fait un peu partie de notre région du Sud-Ouest, et que nous avons eu sur cette fabrique, qui a eu plus d'un demi-siècle d'existence, des renseignements très précis et inédits qui nous ont été fournis par un de nos amis, M. Charles Fouque, un des descendants d'un des directeurs de cet établissement, très versé lui-même dans tout ce qui touche à l'industrie céramique, nous croyons devoir consacrer quelques lignes à cette faïencerie toulousaine.

Le créateur de la faïencerie de Toulouse fut Casimir Marcassus de Puymaurin, né dans cette ville le 5 décembre 1757, et dont la mère était la fille du célèbre astronome Darquier. Après avoir fait ses études à Toulouse, de Puymaurin alla suivre les cours de chimie à Paris où il fit connaissance du jeune comte Chaptal. En 1786, il accompagna, comme secrétaire, son oncle Darquier en Angleterre, et grâce à l'influence de ce dernier il put étudier dans ce pays les grands établissements industriels et notamment les faïenceries aux produits desquels il s'intéressa tout particulièrement.

De retour à Toulouse, de Puymaurin y monta une fabrique de faïence anglaise ou demi-porcelaine. Mais la Révolution éclata peu après et devenu suspect, comme noble, il dut mettre son établissement sous le nom d'un ancien acteur, Hyacinthe Pellet-Desbarreaux, qui avait adhéré à la Révolution. Desbarreaux était né, vers 1756, à Chézeneuve, canton de La Verpillière (Isère), il vint à Toulouse en 1786 et y épousa Catherine Julie Molé, fille de Louis-François Molé, artiste dramatique connu au théâtre sous le nom de Dalainville. Desbarreaux était devenu un personnage politique influent, en 1790 il entra dans la société des Cent ou club littéraire et patriotique et en devint président en 1791, plus tard, en 1798-1799, il est nommé administrateur du département.

En 1793, la fabrique de Desbarreaux était transférée dans l'ancien couvent des Bernardins, derrière l'église Saint-Sernin, couvent qu'il avait acheté le 18 mars 1792, comme bien national, pour le prix de 29,364 livres 16 sols, payables en assignats, bien entendu, et avec facilités de paiement, selon les conditions habituelles de ces sortes de ventes. Il avait de plus installé un magasin de vente place du Capitole, alors place de la Liberté.

Pour faire marcher sa fabrique, Desbarreaux avait dû prendre des associés comme Pierre Sol, qui avait fourni des fonds, Joseph Lacune, qui s'occupait de la partie commerciale et Jean-François Dalles qui était chargé de la fabrication. En 1798 il prit un nouvel associé, Joseph-Jacques Fouque, originaire de Moustiers, et qui arrivait d'Apt, en Provence, où il avait dirigé la fabrique de faïence jaune et marbrée de son beau-père Barthélemy Moulin. Fouque put acquérir peu à peu les parts de ses co-associés et, en 1808, il était devenu seul propriétaire de la manufacture. La même année, il se rendit aux foires de Bordeaux pour écouler ses produits céramiques, et il établit dans cette ville un dépôt, 11, rue du Parlement-Saint-Pierre, qui subsista jusqu'en 1829.

Quant à Desbarreaux, qui avait été nommé administrateur du département de la Haute-Garonne, redevenu simple citoyen, après la création des préfectures en 1800, il quitta la faïencerie, revint au théâtre, fit partie d'une troupe d'acteurs dirigée par le citoyen Plaisance, et en 1809, devenu lui-même directeur de cette troupe, il fit faillite et prit la fuite. Il est mort à Toulouse le 20 février 1828.

Fouque, resté seul propriétaire de l'établissement, en 1808, associa à ses affaires, en 1813, son gendre, Antoine Arnoux, de Marseille, et il mit la fabrique sous la raison sociale Fouque et Arnoux. En 1829 ou 1828, cette faiencerie fut transférée à Valentine, près de Saint-Gaudens, mais on laissa un dépôt à Toulouse, rue de la Pomme. En 1829, Fouque mourut et cette manufacture devint la propriété de ses héritiers, son gendre Arnoux et ses trois fils.

En 1855, Antoine Arnoux décéda (1), la société Fouque et Arnoux fut dissoute peu après, et en 1862 la fabrique de Valentine fut cédée à une Compagnie anglaise dirigée par un nommé Aswhin qui ne put la maintenir que jusqu'en 1868, époque à laquelle elle cessa d'exister.

La manufacture de faïence fine de Toulouse avait fonctionné pendant quatre-vingts ans, c'était la première qui avait été établie dans le Midi et le Sud-Ouest, ses produits étaient très répandus dans toute cette région et en 1823 elle était en plein fonctionnement, « on y faisait une cuite tous les dix jours dans le grand four qui peut contenir quarante mille pièces. Il y a trois petits fours pour la seconde cuisson du vernis qui chauffent chacun une fois par semaine... Vers 1834, MM. Fouque, Arnoux et Cie adjoignirent à la fabrication de la faïence fine celle de la porcelaine (2). » D'un autre côté, on lit dans le *Traité des arts céramiques* d'Alexandre Brongniart (1844) : « Une des plus curieuses fabriques de faïence fine est celle de MM. Fouque et Arnoux, la seule qu'on connut dans le Midi dès 1780, bien avant celle de Bordeaux. Elle existait encore en 1844 et les propriétaires avaient ajouté à leurs travaux la fabrication de la porcelaine dure et celle des grès pour tuyaux. »

Outre les fabriques de faïence fine qui s'étaient installées en France à la fin du XVIIIe siècle, et que nous venons de mentionner, les Anglais avaient établi à Paris plusieurs dépôts de leurs faïences. Ces marchandises importées d'Angleterre devaient payer, par arrêtés du 16 août 1740 et du 12 mars 1749, un droit d'entrée de 30 francs le cent pesant, ce qui rendait

(1) Léon Arnoux, fils ou frère d'Antoine, alla en 1848 en Angleterre diriger la célèbre manufacture de faïence de Minton, à Stoke-upon-Trent.

(2) Vitry et Cassy, *le Propagateur des procédés industriels dans le Midi de la France. Première partie.* — Toulouse, 1828, p. 43-50.

l'introduction de ces faïences peu dangereuse pour la fabrication française. Malheureusement cet état de choses changea en 1786, et le traité de commerce signé à Versailles, le 20 septembre de cette année, entre la France et l'Angleterre et dont l'article 12 fixait le droit d'entrée à douze pour cent seulement de leur valeur sur la porcelaine, la faïence et la poterie, porta un préjudice considérable à l'industrie de la céramique en France qui ne put soutenir la concurrence avec les faïences fines anglaises.

Après le traité avec l'Angleterre, la Révolution vint porter le dernier coup aux fabriques françaises de faïence et de porcelaine. Beaucoup de ces établissements durent éteindre leurs fours faute d'ouvriers et de débouchés, et pendant ce temps les Anglais nous inondaient de leurs produits. Après la tourmente révolutionnaire, le public français, ayant pris goût à ces produits anglais aux formes nouvelles et originales sinon bien artistiques, ne revint plus à la faïence ordinaire plus lourde et qui était devenue de plus en plus grossière — la porcelaine était encore trop chère pour l'usage domestique courant — et c'est cette sorte d'engouement pour les faïences qui explique la prospérité, au commencement du XIXe siècle, de certaines fabriques françaises qui avaient rallumé leurs fours et repris leur fabrication sur de nouvelles bases, comme celles de Montereau, de Creil, de Sarreguemines, de Toulouse, etc., dont nous avons parlé.

En terminant ce paragraphe sur la faïence fine, nous devons le dire, ce produit céramique est d'une qualité très médiocre au point de vue de l'usage domestique. Si, grâce à la matière première, à l'argile blanche qui est très malléable, les pièces sont plus légères et de formes plus élégantes et plus variées, leur vernis n'a pas la résistance de celui de la vraie faïence à émail stannifère et subissant une cuisson à très haute température, ni celui de la porcelaine, non seulement les assiettes et les plats, qui font la base de tout service de table, se rayent sous le couteau, mais encore elles absorbent les corps gras et la lessive trop chaude dont se servent habituellement nos ménagères et deviennent en peu de temps hors d'usage. Ce que nous disons là ne concerne bien entendu que la vaisselle de service, mais quant aux pièces d'ornementation, comme les superbes pièces de Wedgwood par exemple dont on peut voir de beaux spécimens à Londres au musée de Kensnigton et à celui de Victoria et Albert, elles n'ont pas subi « de la main de l'homme l'irréparable outrage », elles sont très bien conservées, et sont de remarquables objets d'art céramique.

Malgré la mauvaise qualité de la faïence fine à la façon anglaise fabriquée en France pour l'usage domestique, elle fut pendant très longtemps et surtout pendant la première moitié du XIXe siècle très en vogue, il y eut même pour elle un véritable engouement, à cause d'abord de son bon marché par rapport au prix élevé de la porcelaine, et aussi à cause de sa riche décoration, décor d'impression très chargé, sans valeur céramique et qui s'effaçait rapidement à l'usage. Mais cette nouvelle faïence plaisait beaucoup à cette riche bourgeoisie sortie de la Révolution et dont le goût n'avait pas été encore formé. Nos ancêtres du siècle précédent avaient, il faut bien le reconnaître, par sélection naturelle à travers les siècles, une éducation artistique très avancée. Ils ne cherchaient pas uniquement le confort, mot anglais qu'il a fallu franciser pour désigner une chose qui n'existait pas chez nous, ils ne connaissaient ni la lumière électrique, ni le chauffage central, mais on trouvait dans leurs habitations des meubles très artistiques, de fines boiseries, des tapisseries superbes, des bibelots du meilleur goût. Tout cela a disparu brutalement, révolutionnairement: après la prise de la Bastille, les gens de la Révolution ayant taxé tous ces chefs-d'œuvre de notre art national d'aristocratisme et d'ancien régime, les meubles et autres objets d'ameublement si élégants de l'époque Louis XVI furent remplacés d'abord par le mobilier gréco-romain du Directoire et de l'Empire, aux formes lourdes et tapageuses, par l'ottomane de la Restauration, l'ottomane de Madame de Staël et de Madame Récamier, par le lit bateau de Louis-Philippe et la pendule de Napoléon III dont les Prussiens nous ont fort heureusement débarrassés en partie. Et que dire du costume moderne, des excentricités indécentes du Directoire, du Consulat et de l'Empire, de l'austère chapeau à capote de cabriolet de la Restauration et du gouvernement de Juillet, de l'affreuse crinoline du second Empire, de la robe entravée, rappelant les indécences du Directoire, et du chapeau fantastique de la troisième République ?

Et pourtant, au XIXe siècle, les beaux-arts en France ont brillé d'une manière exceptionnelle et plus que partout ailleurs, nous nous empressons de le constater ici, nos écrivains, nos musiciens, nos peintres, nos sculpteurs, ont porté au loin le nom de notre pays ; nous ne parlons pas de nos architectes parce que nous ne croyons pas que des monuments comme le palais de la Bourse, à Paris, l'église de la Madeleine qui est un temple païen et les autres églises modernes dites gothiques, le Grand-Opéra, la tour Eiffel, les ponts métalliques, les usines, les gares de chemins de fer, soient de bien beaux modèles d'architecture, c'est l'art déplorable de l'ingénieur. Malheureusement nos artistes de talent n'ont pas eu une bien grande influence sur le goût de notre riche bourgeoisie trop occupée de ses jouissances matérielles et de son bien-être. Aucun style avouable n'a été créé depuis un siècle, et les raffinés en sont réduits à dépouiller les châteaux et les habitations anciennes de leur ameublement pour les placer sans discernement dans leurs salons qu'ils transforment en véritable boutique de bric-à-brac, lorsque par esprit de spéculation ils ne font pas passer à l'étranger, par la voie de la brocante, tous ces objets mobiliers artistiques qui formaient le patrimoine sacré que nous avaient laissé nos aïeux.

Il en a été de la céramique comme des autres objets d'ameublement. Nos belles porcelaines du XVIIIe siècle n'existent presque plus, les pâtes tendres surtout ont, en grande partie, disparu, il n'y en a presque pas au musée de Sèvres ou dans les musées de province, mais le château royal de Windsor en Angleterre en possède une très belle collection et on en trouve aussi dans les musées de Dresde et de Berlin. A la porcelaine française du XVIIIe siècle et aux jolies faïences a été substituée sur nos tables la faïence fine à la façon anglaise, aux formes lourdes, au décor chargé, mais bien en rapport avec le manvais goût de la bourgeoisie. Heureusement que cette faïence a fait place depuis quelque temps à la porcelaine, plus légère et d'un décor plus simple.

Comme nous venons de le dire, la faïence à la façon anglaise eut une très grande vogue dans la première moitié du XIXe siècle, les manufactures françaises en fabriquaient en grande quantité et c'est la prospérité de ces établissements céramiques qui donna certainement à deux négociants bordelais, MM. Lahens et Rateau, l'idée de créer une faïencerie du même genre à Bordeaux, centre d'une région riche qui n'en possédait pas, et port de mer important par lequel ils pourront expédier leurs produits en Espagne et dans les colonies.

§ 3. — La Faïencerie Lahens et Rateau.

Cette faïencerie est peu connue, les écrivains céramistes, les collectionneurs, même ceux de Bordeaux, ont jusqu'à présent à peu près ignoré ses produits et ses marques. Dans les ouvrages qui traitent de l'histoire de la céramique, cette fabrique n'est pas citée, dans nos musées on n'en trouve aucun spécimen. Cependant, dans le catalogue du musée de Sèvres, publié en 1845 par le conservateur et le directeur de la Manufacture, D. Riocreux et A. Brongniart, ces auteurs donnent la marque de cette faïencerie bordelaise, avec cette mention : « C'est la marque de la fabrique fondée à Bordeaux en 1829, par M. de Saint-Amans, associé à MM. Lahens et Rateau, association qui n'eut qu'une courte durée. Relevée peu après par M. D. Johnston, la fabrique marqua les nouveaux produits du nom de la ville en toutes lettres, imprimé en creux (1). » Il y a là une erreur que nous croyons devoir relever dès maintenant ; la manufacture Johnston n'est pas, comme nous le démontrerons plus loin, la continuation de celle de Lahens et Rateau. Ce catalogue est le premier ouvrage où l'on trouve le signale-

(1) *Description méthodique du Musée céramique de la Manufacture royale de porcelaine de Sèvres*. Paris, 1845, gr. in-4°.

ment de cet établissement. A. Demmin, dans son *Guide de l'Amateur*, consacre trois lignes seulement à cette fabrique, d'après le catalogue de Sèvres, et encore il la date de 1819, pour 1829, et il ne dit pas un mot de Saint-Amans. Un autre auteur a dit aussi quelques mots de cette faïencerie bordelaise, mais en quatre ou cinq lignes seulement, comme Demmin, qu'il a copié sans le citer. Cet auteur est le Dr Azam, de Bordeaux, dans la notice qu'il a consacrée à l'histoire des anciennes faïences bordelaises, dans le *Bulletin de la Société archéologique de Bordeaux*, en 1878, et où il écrit : « Vers 1839 MM. Lahens et Rateau fondent, de concert avec M. de Saint-Amans, une fabrique de produits analogues aux précédents. Leur marque imprimée en creux dans la pâte reproduit leurs initiales. » Il y a là plusieurs erreurs en peu de lignes. D'abord la date de 1839 est inexacte. Demmin avait déjà donné une date erronée, 1819, alors que Brongniart avait fourni la véritable, 1829. Le Dr Azam fait, de plus, allusion à des « produits analogues » qui seraient sortis d'ateliers céramiques bordelais créés à la fin du XVIIIe siècle et dont nous aurons à nous occuper dans une histoire des faïenceries bordelaises à laquelle nous travaillons en ce moment : ces produits étaient des faïences ordinaires, communes, et n'avaient aucun rapport avec les faïences fines à la façon anglaise fabriquées par Saint-Amans. Enfin la grande manufacture de David Johnston n'est nullement la continuation de celle de Lahens et Rateau, comme on le verra dans la suite de cette étude.

On voit que le peu qui a été écrit sur cette dernière fabrique est bien sommaire et parfois inexact ; il y avait lieu de se livrer à d'autres recherches, et c'est ce que nous avons fait.

Après avoir donné quelques notes biographiques sur Saint-Amans, dit quelques mots sur la fabrication de la faïence fine anglaise et expliqué comment elle fut introduite en France, nous allons maintenant retracer l'historique de la manufacture de Bacalan-Bordeaux et faire connaître ses produits et leurs marques.

Nous avons dit que Saint-Amans avait publié des mémoires à l'occasion du procès qu'il intenta à ses deux associés, et une notice sur l'introduction des faïences fines en France (1). MM. Lahens et Rateau publièrent, de leur côté, un factum en réponse au premier mémoire de Saint-Amans (2). Ce sont ces publications avec celles dues à Magen et à Jouannet et que nous avons déjà citées (3), qui nous ont fourni les renseignements qui vont nous permettre de donner sur l'établissement et la marche de cette faïencerie des détails assez précis et que personne n'a encore utilisés. Ces mémoires et notices sont extrêmement rares, nous les avons trouvés dispersés dans différents dépôts publics de Bordeaux, comme la Bibliothèque municipale, les Archives de la Ville et la Bibliothèque de la Chambre de commerce, et, vu leur rareté, ce sont des documents presque inédits.

Ce sont ces mémoires de Saint-Amans et de Lahens et Rateau surtout qui nous ont servi à faire connaître l'organisation de la manufacture de Fourguerolles, il y a dans ces pièces de procédure des détails très précis, mais nous n'avons tenu aucun compte des appréciations des avocats, rédacteurs de ces factums, car on sait que les avocats ne ménagent guère, habituellement, leurs adversaires.

Nous avons dit que c'est à l'exposition du Louvre, en 1829, que M. Rateau fit la connaissance de Saint-Amans, qu'il lui parla de son domaine de Fourguerolles où l'on pourrait établir une faïencerie et qu'il l'invita à venir la visiter.

Le 6 avril 1829, Saint-Amans adressa à MM. Lahens et Rateau un prospectus pour la fabrication « des poteries à l'instar des Anglais ». C'était merveille ! écrivent ces derniers dans leur mémoire. Saint-Amans ne demandait pour capital que 32.812 francs, plus une avance, par semaine, de 6.242 francs, et la manufacture devait produire, par semaine, 3.125 douzaines d'assiettes où l'équivalent en autres pièces, marchandises estimées 7.524 francs.

---

(1) Pour ces mémoires et cette notice, voir la note de la page 9.

(2) *Mémoire pour Messieurs Lahens, fils de l'aîné et Rateau, négociants à Bordeaux, contre Monsieur de Saint-Amans*. Signé : Saint-Marc, avocat. — In-4°, 87 pages. Bibliothèque municipale de Bordeaux, factums, t. 128, n° 1.

(3) Voir les notes des pages 7 et 8.

MM. Lahens et Rateau prirent des renseignements auprès de gens compétents et ils apprirent que le capital nécessaire pour une pareille entreprise serait au moins de 150.000 francs. Ils écrivirent alors à Saint-Amans qu'ils ne pouvaient disposer d'une somme aussi élevée, mais ils lui conseillèrent de venir à Bordeaux où il pourrait trouver des actionnaires au nombre desquels ils seraient heureux de s'inscrire. C'était là un peu de l'ironie, car ces messieurs savaient très bien qu'il était difficile de constituer à Bordeaux, à cette époque, un groupe d'actionnaires de bonne volonté pour risquer leurs capitaux dans une exploitation de ce genre.

D'ailleurs MM. Lahens et Rateau raillent souvent, dans leur mémoire, Saint-Amans sur ses prétentions un peu exagérées en connaissances céramiques. Ainsi ils écrivent, ou plutôt leur avocat écrit : « A Dieu ne plaise, qu'au nom de l'Angleterre, je plaide contre M. de Saint-Amans qui se complaît dans la pensée d'avoir frappé d'un coup mortel la puissance des manufactures étrangères. La *prise* est de bonne guerre (si prise il y a), et je voudrais pouvoir le dire sur les ruines même des manufactures anglaises; mais je crains bien que, dans la discussion, il faille avoir l'humilité de descendre de plusieurs degrés de cette échelle d'orgueil. »

Le fait est qu'à cette époque on ne connaissait pas les procédés dont Saint-Amans prétendait avoir rapporté les secrets d'Angleterre. Le 27 septembre 1822, il avait pris un brevet d'invention dit « brevet d'importation de quinze ans pour les procédés et appareils propres à fabriquer toute espèce de poteries, grès, faïences et porcelaines, à la manière anglaise, avec des matières du sol français ». Deux ans s'écoulèrent sans que le brevet eût pu mettre en activité l'industrie importée. Il demande une prolongation d'une année qui lui est accordée, le 15 avril 1824.

Il fit alors des essais à Creil pour lesquels le directeur, M. de Saint-Cricq, fit des dépenses considérables sans résultat; des difficultés s'élevèrent et les essais furent abandonnés.

A Montereau, les résultats furent tout aussi négatifs, et les directeurs, MM. Louis Lebœuf et Thibault, refusèrent de le suivre dans ses essais. Il fit un procès à ces messieurs, qu'il perdit par jugement du 13 août 1824.

On va voir qu'il en fut à peu près de même avec les négociants bordelais Lahens et Rateau; après plusieurs essais qui réussirent plus ou moins bien, Saint-Amans se brouilla avec eux et leurs intenta un procès.

En somme, Saint-Amans ne réussit complètement dans l'application de ses procédés qu'avec David Johnston, autre négociant bordelais, qui put mettre de gros capitaux à sa disposition. C'est lui qui organisa la grande faïencerie de Bacalan qui eut, il est vrai, de longues années de prospérité, mais Johnston y engloutit deux millions et fut ruiné. Sa manufacture profita surtout, comme cela arrive presque toujours, à ceux qui la prirent en seconde main.

En septembre 1829, Saint-Amans vint à Bordeaux et alla visiter le domaine de Fourguerolles ; il y fit procéder à des sondages et étudia la nature du gisement d'argile que le propriétaire, M. Rateau, lui avait dit s'y trouver.

Le domaine de Fourguerolles, qu'on a placé par erreur à Blanquefort et même à Parempuyre, communes avoisinantes, faisait bien partie, à cette époque, du territoire de Bordeaux. Il est situé dans la palu de Bacalan, faubourg nord de cette ville, à l'extrémité du chemin de Labarde, à l'angle de la Garonne et de la jalle de Blanquefort, cours d'eau qui, de ce côté, a été de tout temps et est encore la limite du territoire bordelais, et à une distance d'environ dix kilomètres du centre de la ville. Il y a aux archives municipales de Bordeaux un plan manuscrit et inédit, coté n° 2945, des marais de la palu de Bacalan « fait par les ordres de MM. les jurats, levé géométriquement par le sieur Giraud, ingénieur géographe de la ville, en 1762 et en 1763 ». On voit sur ce plan le domaine de Fouquerol qui appartenait alors à un négociant bordelais, M. O'Quin. Lorsqu'on y établit la faïencerie, en 1829, cette propriété appartenait à M. François Rateau (1), elle avait été vendue, proba-

---

(1) Sur certaines cartes géographiques modernes et notamment sur l'*Atlas départemental de la Gironde* (1888) ce domaine porte encore le nom de Rateau.

blement, pendant la Révolution, comme bien national. Elle a fait partie, plus tard, en 1882, de la succession de Camille Godard dont la ville de Bordeaux était légataire universelle. Elle appartient aujourd'hui aux héritiers de Mme Mader, née Laure Marquet, cousine et héritière pour partie de Camille Godard (1).

La Garonne coulait autrefois devant la maison d'habitation du domaine de Fourguerolles, mais elle en est séparée aujourd'hui, de plus de deux cents mètres, par des terrains d'alluvion qui ont été colmatés et complantés d'artichauts, des célèbres artichauts dits de Macau. La propriété a une contenance d'environ quarante hectares. L'ancienne maison d'habitation du XVIIIe siècle est en ruines. Devant cette maison se trouvait, au bord de la rivière, une terrasse terminée par une balustrade aux deux extrémités de laquelle étaient placés deux grands sphinx en pierre d'une certaine valeur artistique et qui ont été vendus tout dernièrement à un antiquaire parisien. On prétend que ce domaine était, au XVIIIe siècle, la propriété du maréchal de Richelieu, gouverneur de Guyenne, qui aurait fait construire cette première habitation. C'est celle qui appartenait, à la fin du XVIIIe siècle, à M. O'Quin. La seconde maison, construite plus au nord, plus près de la jalle, date du premier Empire. C'est une chartreuse à la façade élégante, se composant de pièces spacieuses. L'ensemble de la construction est telle encore qu'on la voit sur le plan que nous donnons ici. Devant la maison se trouvent de superbes ombrages et, à côté, le bâtiment des anciens fours transformés en chais à vin et à bois. La culture principale est celle de la vigne. On peut y récolter quarante tonneaux de vin.

Nous donnons ici une reproduction de la partie du plan du XVIIIe siècle, dont nous venons de parler, où est situé le domaine de Fourguerolles.

Après avoir visité avec soin le domaine de Fourguerolles, fait faire des sondages et reconnu la qualité du gisement d'argile, Saint-Amans passa, le 26 septembre, un traité avec

---

(1) Le testament de Camille Godard a été publié dans le *Bulletin administratif de la ville de Bordeaux*, année 1881.

« MM. Labens, fils de l'aîné, et François Rateau, négociants à Bordeaux, y demeurant rue Franklin n° 7, pour l'établissement d'une fabrique de poteries de grès à l'instar des Anglais, avec des matières françaises, sur le domaine de M. J. Rateau, nommé Fouquirol (*sic*), sis sur la jalle de Blanquefort et les bords de la Garonne. »

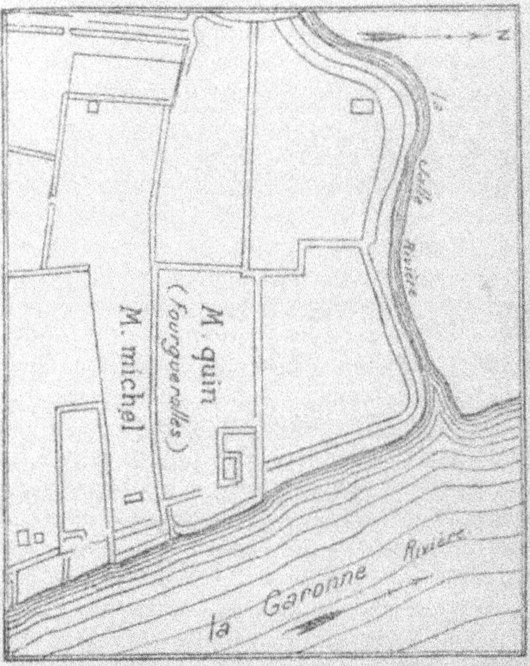

Plan de la palu de Bacalan-Bordeaux où est situé le domaine de Fourguerolles, faïencerie Labens et Rateau

D'après ce traité, dont les clauses ont été reproduites en partie dans le premier mémoire de Saint-Amans, on ne devait, pendant un an, procéder qu'à des essais et ne faire que des constructions suffisantes pour ces essais de fabrication, élever un petit four sur les plans de Saint-Amans, de sept pieds de diamètre et neuf pieds de haut, revêtu de sa cheminée, four placé dans l'enceinte circulaire désignée pour établir plus tard la manufacture et qui se trouve au midi de la maison de maître de M. Rateau qui fait cette cession, moyennant une location. MM. Lahens et Rateau fournissaient tous les fonds nécessaires. Il était de plus convenu que si, au bout d'un an, les essais ne donnaient pas un résultat satisfaisant, MM. Lahens et Rateau auraient le droit d'exiger la résolution du traité; dans le cas contraire, on monterait une grande manufacture. Pour ces essais, M. de Saint-Amans devait toucher vingt-cinq pour cent sur les bénéfices réalisés, au minimum de cinq cents francs par mois.

Saint-Amans se rendit ensuite à Sèvres, où il avait laissé l'installation qui lui appartenait. Il fit d'abord, à la manufacture, des essais avec l'argile qu'il avait apportée de Fourguerolles, et ses expériences ayant donné des résultats satisfaisants, il envoya à Bordeaux les ouvriers anglais et français qu'il employait à Sèvres, ainsi que tous ses moules et modèles, et en général tout ce qui pouvait servir de base à un établissement de poteries. Les ouvriers et le matériel arrivèrent en décembre.

Les rigueurs de l'hiver de 1830 paralysèrent un instant les premiers travaux qui avaient été commencés à Fourguerolles dès le retour de Saint-Amans de Sèvres. On s'y livra néanmoins avec ardeur, vers le commencement de février, à des essais d'argile, de mélanges et manipulations de pâtes, mais ce n'est qu'en octobre de cette année, le petit four étant terminé, qu'on put songer à faire des essais de cuisson. La première cuite n'eut lieu qu'en décembre, mais ce ne fut qu'à la quatrième que le four et les étuis étant entièrement purifiés, donnèrent un biscuit et un émail très satisfaisants, avec une terre de pipe d'une blancheur éclatante. Ces premiers essais faits avec les argiles de la Gironde surpassèrent tout ce qu'on en attendait et on fit alors un choix de pièces qu'on envoya vendre, pour la première fois, à la foire de Bordeaux de mars 1830. Quelque temps après, des échantillons furent envoyés aux colonies et on mit un dépôt à Bordeaux, chez Mme Rochet, à la fontaine Saint-Christoly et à Paris, chez Tissot, passage de l'Opéra.

Enfin, à l'Exposition des produits de l'Industrie et des Arts, organisée à Bordeaux en 1830 par la Société philomathique de cette ville, MM. Lahens et Rateau exposèrent des échantillons de leur nouvelle fabrication qui sont portés ainsi au catalogue : « N° 80. De St-A... (mans). Produits de la fabrique de porcelaine et faïence à la manière anglaise, chez MM. Rateau et Laens (*sic*) à Blanquefort (*sic*). Cette manufacture est érigée par une maison de commerce de Bordeaux et dirigée par M. de St-A... Les essais de cette fabrique ont été faits, d'abord dans la manufacture royale de Sèvres, par protection spéciale du gouvernement et sous l'inspection de M. Brongniart, directeur de cette manufacture. Le grand nombre de pièces exposées constate le succès des procédés de fabrication de cette manufacture. La faculté de supporter le feu, de résister aux acides et aux alcalis, ainsi qu'aux corps gras, par la dureté de l'émail, a été l'objet des recherches et d'un rapport de la Société des Arts de Paris qui l'a reconnue. Les produits exposés ont été fabriqués avec des terres du département et de ceux limitrophes. Les grandes pièces et les objets de luxe n'ont pu être encore fabriqués, la manufacture étant à sa naissance (1). » Saint-Amans obtint la première médaille d'or avec les félicitations les plus flatteuses du président du jury.

En présence du succès obtenu par les premiers produits de leur faïencerie, MM. Lahens et Rateau se décidèrent à commencer la construction définitive de la fabrique dans la grande prairie attenante à la maison d'habitation de M. Rateau, dans laquelle on devait établir plus tard des ateliers de tournage et de moulage.

Ils augmentèrent d'abord le nombre de leurs ouvriers potiers : ils firent venir un François Lamothe, contre-maître de la manufacture de Choisy, afin de faire commencer les préparatifs d'une fabrication en grand; ils engagèrent un peintre anglais, Georges Holand Jones (2), et ils appelèrent de Limoges

(1) *Catalogue de l'Exposition annuelle des produits de l'Industrie et des Arts*; Bordeaux, 1830, in-12. *Histoire des Expositions de Bordeaux par* Ch. Bénard, 1899, in-8°.

(2) Ce peintre anglais suivit Saint-Amans à la faïencerie Johnston. En 1844

des ouvriers mouleurs en creux et trempeurs en émail. Outre François Lamothe, nous avons pu relever les noms de quelques ouvriers travaillant à la fabrique, comme Frédérick Bota, ébaucheur, un autre anglais sans doute, Détrée, tourneur, Lucas, modeleur, Loubens, modeleur, Monserault, gazetier, Borde, Desbats, ces deux derniers non qualifiés.

Au commencement de l'année 1831 on fit construire le grand four — il devait y en avoir quatre; — il fut élevé par le maître maçon bordelais Odé, sur les plans de Saint-Amans. Puis on établit des fosses à barbotine pour y préparer des mélanges de pâtes suffisantes à l'entretien de cent cinquante ouvriers, une machine hydraulique pour clarifier les eaux, l'aile gauche en entier des grands ateliers, toujours d'après les plans de Saint-Amans, mais revus par l'architecte bordelais, M. Corcelle ; on dépensa plus de cent mille francs.

A la fin de cette année, la manufacture était en pleine voie de développement, lorsque survint entre Saint-Amans et ses associés le différent dont nous avons parlé. Mais on continuait à fabriquer sur cette première installation d'une manière courante; Saint-Amans adressa au Conseil général de la Gironde un choix des produits de la manufacture, et nous lisons dans le procès-verbal de la séance du 16 novembre 1831 de cette assemblée « qu'elle reçoit avec intérêt l'hommage qui lui est fait par M. de Saint-Amans des produits de sa fabrique de fayence, à l'imitation des grès anglais de Wedgwood. Cette fabrique, établie près de Bordeaux, sur la jalle de Blanquefort, prend déjà un grand développement et rivalise avec les fabriques du même genre établies en Angleterre (1). »

Depuis quelque temps les rapports entre MM. Lahens et Rateau et Saint-Amans étaient assez tendus. Celui-ci reprochait à ces messieurs, en présence de la réussite des premiers essais,

---

il est établi rue Paulin, n° 26, et il expose à la Société philomathique des vitraux peints. Vers 1845 il va se fixer à Saintes et en 1855 on le retrouve à Bordeaux, rue de la Franchise, en face de la rue Colbert, où il essaya de créer une porcelainerie qui dura peu. A partir de ce moment nous perdons sa trace.

(1) *Procès-verbaux des séances du Conseil général de la Gironde*. Inédits. Archives de la Gironde.

de ne pas vouloir installer la manufacture en grand, comme il avait été convenu dans le traité qu'ils avaient signé le 26 septembre 1829. Saint-Amans était surtout en très mauvais termes avec le premier commis de MM. Lahens et Rateau, un sieur Colardon, qu'il accusait de se mêler de ce qui ne le regardait pas, et de violentes discussions s'en étaient suivies.

A la fin d'octobre, Saint-Amans alla passer quelques jours à Agen où son père venait de mourir, mais dès son retour à Bordeaux ses démêlés avec ses deux associés recommencèrent.

Le 21 novembre, il fut convoqué par MM. Lahens et Rateau à leurs bureaux de la rue Franklin, et pendant qu'il montait à l'escalier, avec le peintre anglais Holland Jones, il fut pris à partie par plusieurs employés de la maison et notamment par le premier commis Colardon, par le frère de M. Lahens et par M. Rateau lui-même; on se livra sur lui, paraît-il, à des voies de fait et il fut violemment mis à la porte. Le soir même Saint-Amans rentrait à Fourguerolles où il habitait, s'empara de ses papiers et de certains objets, et partit pour Agen.

Le 8 février 1832 il assigna ses associés devant le tribunal de commerce de Bordeaux, « pour se voir condamner à continuer avec Saint-Amans l'entreprise commencée ou à lui payer la somme de quinze mille francs à titre de dommages et intérêts et à lui rendre tous les moules, modèles et ustensiles qui lui appartiennent et de cesser provisoirement toute fabrication jusqu'à la solution définitive des contestations qui les divisent ». Le 9 juillet 1832, le tribunal de commerce renvoyait l'affaire devant des arbitres.

Sur ces entrefaites, Saint-Amans porta plainte en diffamation contre Lahens et Rateau. Le tribunal correctionnel le débouta de sa plainte par jugement en date du 12 janvier 1833.

Les arbitres nommés en juillet 1832 rendirent un jugement, le 29 octobre 1832, disant qu'il y avait lieu de nommer des experts.

Les dépenses totales, jusqu'au départ de Saint-Amans, c'est-à-dire de la fin de 1829 à novembre 1831, avaient été de 104.896 francs et ces messieurs, gardant pour eux les constructions faites et le matériel, ne demandaient que 18.236 francs.

Les huit fournées qui avaient été faites avaient produit 20.000 pièces, mais il y avait eu 13.000 pièces défectueuses que Saint-Amans faisait jeter par les ouvriers dans les fossés et la Garonne, pour ne pas que ses associés eussent connaissance de ces insuccès. Il y avait un passif qui était de 18.236 francs.

Nous ignorons l'issue du procès, mais ce qu'il y a de sûr c'est que la rupture fut complète et définitive entre Saint-Amans et ses associés, et, comme il n'était pas homme à se décourager, passionné qu'il était pour l'industrie céramique en laquelle il avait foi entière, il se mit à chercher d'autres capitalistes pouvant disposer de plus de fonds que MM. Lahens et Rateau. Il en rencontra un dans la personne de David Johnston, riche négociant bordelais, qui mettra des capitaux à sa disposition et c'est lui qui créera la grande manufacture de Bacalan dont nous nous occuperons dans le paragraphe suivant.

Quant à la fabrique de Fourguerolles, elle continua à fonctionner après le départ de Saint-Amans, dirigée par M. Rateau et un contre-maître. M. Rateau s'était peu à peu initié aux procédés de fabrication de la faïence fine, il avait même surpris certains procédés de Saint-Amans qui s'en plaint dans un de ses mémoires, en disant qu'à la manufacture il l'avait toujours sur les talons et qu'il avait acquis ainsi certaines connaissances techniques. M. Rateau put donc continuer, pendant quelque temps, à faire marcher cette faïencerie avec la première installation établie par Saint-Amans. Jusqu'à quelle époque la fabrique fonctionna-t-elle sous cette nouvelle direction ? C'est ce que nous ignorons. Nous ne pouvons fixer une date exacte pour la fermeture de la manufacture, mais nous ne croyons pas qu'elle ait fabriqué longtemps après le départ de Saint-Amans. MM. Lahens et Rateau manquèrent-ils de capitaux, ne réussirent-ils pas dans la fabrication, ignorant tous les procédés dont Saint-Amans avait peut-être emporté certaines formules, ou bien encore furent-ils découragés en apprenant que celui-ci cherchait des capitaux pour monter une nouvelle fabrique à Bordeaux ? Nous ne pouvons le dire, mais il est certain qu'ils éteignirent leur four peu de temps après, et qu'on peut fixer la fin de la faïencerie en 1833 ou 1834. François Rateau mourut le 20 janvier 1838 (Etat civil de Bordeaux).

Quoi qu'il en soit, la manufacture de Fourguerolles avait duré trois ou quatre ans, et il est d'autant plus fâcheux que les trois associés n'aient pu s'entendre et que cette faïencerie ait dû cesser de fonctionner, que son installation était très avancée et qu'elle aurait pu devenir un établissement céramique de premier ordre. Ce qui le prouve c'est le rapport que Jouannet présenta à la Société philomathique en 1832 (1).

Cette Société s'est de tout temps intéressée et s'intéresse encore au développement de l'industrie dans la région bordelaise et c'est dans ce but qu'elle organise périodiquement des expositions à Bordeaux. En 1830, elle avait déjà récompensé d'une médaille d'or les échantillons exposés par MM. Lahens et Rateau, et, en 1832, elle voulut se rendre compte où en était la manufacture de Fourguerolles, de l'importance de son installation, des progrès de la fabrication, et elle chargea un de ses membres, Jouannet, d'aller la visiter et de lui faire un rapport.

Ce rapport a été imprimé et nous croyons devoir en extraire le passage suivant qui présente un caractère très détaillé et très précis de la manufacture en 1832, c'est-à-dire au moment où Saint-Amans l'avait abandonnée :

« La fabrique de Parempuyre (2) occupe, en 1832, un carré long de 104 pieds sur 58; au milieu sont les fours, sur les côtés les ateliers propres aux enfournements et défournements, ainsi que pour la mise en émail. Les magasins et autres dépendances sont provisoirement établis dans la maison de M. Ra-

(1) Voir la note de la page 8.

(2) Il y a lieu de s'étonner que Jouannet ait placé cette fabrique à Parempuyre, commune qui est séparée de Bordeaux par celle de Blanquefort. Mais comme à cette époque Bordeaux-ville, c'est-à-dire le quartier de Bacalan, finissait, le long de la Garonne, aux magasins aux vivres, à l'entrée de la rue des Etrangers, aujourd'hui rue Achard, et que de là à la jalle de Blanquefort, à travers le palu qui longe la rivière, il y a plus de six kilomètres, et Jouannet ayant eu un long parcours à faire pour se rendre à la faïencerie, il s'est cru très loin, à Parempuyre.

leau où se trouvent aussi les ateliers provisoires du travail qui seront bientôt transférés dans un édifice projeté, parallèle aux constructions déjà établies et séparé d'elles par une vaste cour carrée.

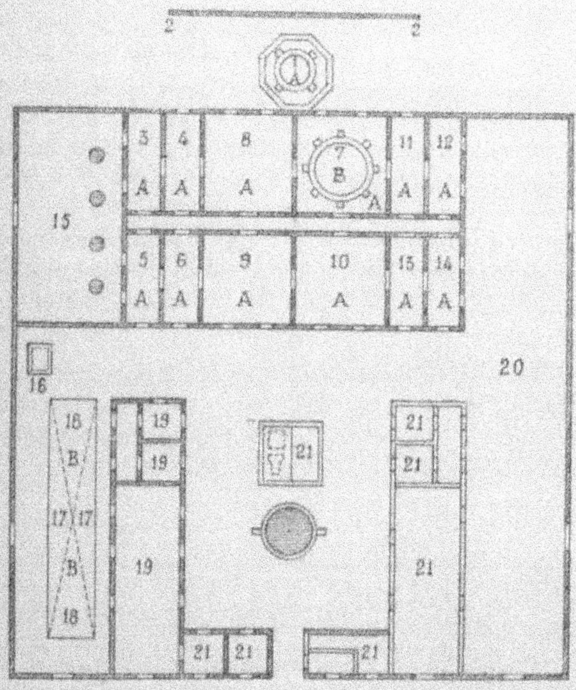

Plan terrier de l'établissement en grand des poteries anglaises, fait et créé par M. de Saint-Amans en 1830, remis par MM. Lahens et Rateau à M. Corcelle, qui en a fait les plans d'élévation et dirigé tous les travaux jusques vers la fin de l'année 1831.

« Les fours sont au nombre de cinq, quatre grands et un petit, dit d'essai. Ce dernier peut cuire de trois à quatre mille pièces, il est au centre mais en dehors de la fabrique à laquelle pourtant il se rattache par une petite pièce de service propre à l'enfournement.

« Les quatre grands fours, de 17 à 19 pieds de diamètre, de dehors en dehors, occupent ensemble un carré de 56 pieds de côté, partagé en quatre autres carrés de 28 pieds chacun, murés et recouverts d'un haut toit pyramidal à quatre pents. Chaque four, construit suivant le système anglais et divisé intérieurement en trois étages voûtés, repose sur un solède de 20 pieds de maçonnerie dans l'intérieur duquel l'architecte a ménagé une chambre voûtée correspondante à la sole du four. Là, quatre ventilateurs, partant des angles de ce carré, entretiennent constamment une température égale à celle de l'intérieur de l'édifice. Des ponts de communication, symétriquement disposés, permettent de circuler librement d'un four à l'autre et de ceux-ci aux ateliers. M. Corcelle est l'architecte de ces constructions. Le petit four et les ateliers sont en pleine activité, la distribution intérieure des grands fours s'achève en ce moment. Le matériel de l'établissement en grand, déjà commencé, est considérable. »

En conséquence, le rapporteur propose de décerner à M. de Saint-Amans une des plus honorables distinctions dont la Société peut disposer.

De plus, nous avons un autre document qui vient compléter le rapport de Jouannet en montrant la disposition des constructions de l'usine; c'est un plan qui se trouve dans le second mémoire de Saint-Amans et auquel il a joint une explication, avec numéros de renvoi. Nous reproduisons ici ce plan, réduit de moitié, et nous allons transcrire l'explication, mais en supprimant les appréciations de l'auteur qui sont plus que tendancieuses.

1. — Petit four.

2. — Emplacement des nouveaux hangars pour le service de l'établissement, construits en 1832.

3, 4, 5, 6. — Ateliers.

7. — Grand four construit et terminé vers la fin de l'été 1831.

8, 9, 10. — Chacun de ces trois emplacements était destiné à un grand four.

11, 12, 13, 14. — Magasins existant à l'époque de l'expulsion

15. — Massifs de pierre posés pendant l'été de 1831 pour support de nouveaux hangars.

16. — Machine hydraulique destinée à fournir de l'eau clarifiée aux fosses à barbotine, construite en 1831.

17, 18. — Hangar qui couvre les fosses à barbotine, terminé en novembre 1831.

19. — Grand atelier d'ébauche et de tournage, d'à peu près 80 pieds de long, et fini en 1831 et en pleine activité depuis.

20. — Emplacement occupé par la maison de M. François Rateau.

21. — Aile droite, façade et autres bâtisses de l'établissement qui sont encore à construire.

A. — Cette lettre désigne les bâtisses construites en 1830.

B. — Cette lettre désigne les bâtisses édifiées en 1831.

Enfin nous joignons au plan de la manufacture la partie, réduite à moitié également, d'un plan du domaine de Fourguerolles, dressé lorsque la ville de Bordeaux hérita de Camille Godard de ce domaine en 1883, partie du plan où se trouvait la fabrique. Ce plan est inédit et est conservé aux archives de la ville.

Il nous reste à parler maintenant des produits sortis des fours de la faïencerie et de leurs marques.

Si nous supposons que la manufacture cessa de fonctionner en 1833, comme nous l'avons fait, la première fournée ayant été faite en décembre 1829, la durée de cet établissement a été de trois ou quatre ans. Il n'y eut pendant longtemps qu'un seul four, il est vrai, mais comme ce four pouvait contenir trois ou quatre mille pièces et que dans les fours des faïenceries on fait généralement deux fournées par mois, on voit que pendant ces quatre années la fabrication a été assez abondante, d'autant plus qu'à la fin, à partir de la seconde moitié de l'année 1831, on se servait du grand four qui était terminé.

Quoi qu'il en soit, les produits de la fabrique de Bacalan sont devenus très rares. Il n'y en a aucun spécimen dans les musées, les conservateurs de ces établissements les ignorent absolument et ne sauraient les reconnaître, et il en est de méme des collectionneurs et des marchands antiquaires qui ne se décideront à s'occuper de ces faïences que lorsqu'elles auront été décrites et que leurs marques seront bien désignées.

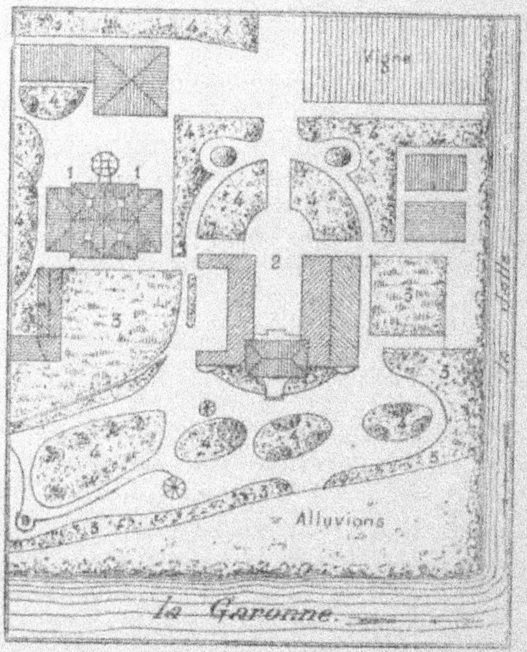

Plan figuratif du domaine de Fourguerolles situé dans la palu de Bacalan, commune de Bordeaux, dressé en 1883 par Lapierre, géomètre. — 1. La Faïencerie. — 2. Maison d'habitation. — 3. Prairies. — 4. Massifs.

On en chercherait vainement au musée de Sèvres et, d'ailleurs, si ce riche musée de céramique en possédait quelques spécimens ils seraient enfouis invisibles dans les caisses qui contiennent des centaines de pièces de fabrication française du XIXe siècle. Les musées de Bordeaux ne peuvent montrer aucun échantillon de la manufacture de Fourguerolles. Au musée d'Agen, auquel Saint-Amans a fait don de plusieurs faïences de sa fabrication bordelaise, on voit bien quelques pièces à la marque de Johnston, mais une seule a la marque de Lahens et Rateau : c'est une petite théière en faïence couleur crème vernissée, très simple et marquée L-R.

Nous le répétons, les collectionneurs bordelais ignorent les faïences de Lahens et Rateau, le Dr Baudrimont seul les connaissait, mais à sa vente faite récemment, il n'y avait qu'une seule pièce, une petite théière en faïence grise mate qui est aujourd'hui chez nous.

Pour ce qui nous concerne, nous n'avons pu réunir que quelques rares spécimens. Ce sont :

Deux petites boites à poudre grises décorées de filets et de fleurs roses, mates à l'extérieur et vernissées à l'intérieur, marquées L-R, un petit R dans un grand L.

Deux coquilles de Saint-Jacques blanches, avec filets noirs sur les bords, marquées L-R. ;

Un pot-au-lait de forme anglaise, un peu lourde, de couleur jaune, avec des mascarons blancs en relief, marquée Lahens et Rateau ;

Une théière de forme ovale foncée, jaune-paille, sans décor, marquée Lahens et Rateau ;

Une petite théière forme ovale, grise, avec décor de même couleur en relief très chargé, marquée Lahens et Rateau. Jolie pièce provenant de la vente du Dr Baudrimont, Bordeaux 1914.

Nous ne possédons que ces quelques pièces et on voit que c'est peu. Il est donc très difficile de pouvoir définir la fabrication de la manufacture Lahens et Rateau. Mais nous croyons qu'il n'est sorti des fours de Fourguerolles que des pièces dans le genre de celles que nous venons de décrire, des faïences grises ou jaunes, mates ou vernissées, avec ou sans décor en relief, et que jamais Saint-Amans n'y a fabriqué des faïences au décor à impression, comme il le fera plus tard à la manufacture Johnston dont nous allons avoir maintenant à nous occuper.

On vient de voir que les pièces de notre collection sont marquées L-R., les initiales des noms de Lahens et Rateau, et en toutes lettres Lahens et Rateau. Nous croyons que la première marque appartient à la première époque, à la fabrication de Saint-Amans, et la seconde, à celle de Labens et Rateau restés seuls et qui ont voulu ainsi bien établir leur propriété.

§ 4. — La Faïencerie Johnston.

Nous avons dit que Saint-Amans, après avoir abandonné la faïencerie Labens et Rateau, avait rencontré un riche négociant bordelais, David Johnston, qui avait mis des capitaux à sa disposition, et qu'une manufacture très importante avait été établie dans le quartier de Bacalan, à Bordeaux.

David Johnston, d'une famille d'origine anglaise, appartenait, lorsqu'il va créer la faïencerie de Bacalan, à la maison Walter et David Johnston, négociants en vins, dont les bureaux étaient situés aux allées de Chartres. Il était né à Bordeaux en 1789, fils de Walter Johnston.

Walter Johnston était né en 1754 à Innes Killan, en Irlande, et vint se fixer à Bordeaux à la fin du dix-huitième siècle. Il créa dans cette ville une maison de commerce qui prit assez rapidement une grande extension. Pendant la Révolution, Walter Johnston se fit naturaliser bourgeois de Vevey, en Suisse. Il mourut à Bordeaux en 1819. Son éloge a été prononcé, dans la séance de la Société philomathique du 20 janvier 1819, par Pierre Lacour, directeur de l'Ecole de peinture de la ville (1).

David Johnston se fit naturaliser français et prit, avec son frère, la suite des affaires de son père, sous la raison sociale Walter et David Johnston. Il ne faut pas confondre la maison Walter et David Johnston avec la maison Nathaniel Johnston et fils, négociants en vins également, il n'y a, entre elles, que le nom de commun.

---

(1) *Notice nécrologique sur Walter Johnston, négociant...* par M. Lacour. Bulletin polymathique du Muséum d'instruction publique de Bordeaux, t. xvii (1819), p. 51-56.

MOULINS des CHARTRONS, à Bordeaux,
où Johnston et Saint-Amans installèrent leur faïencerie en [illegible]
d'après une lithographie du temps.

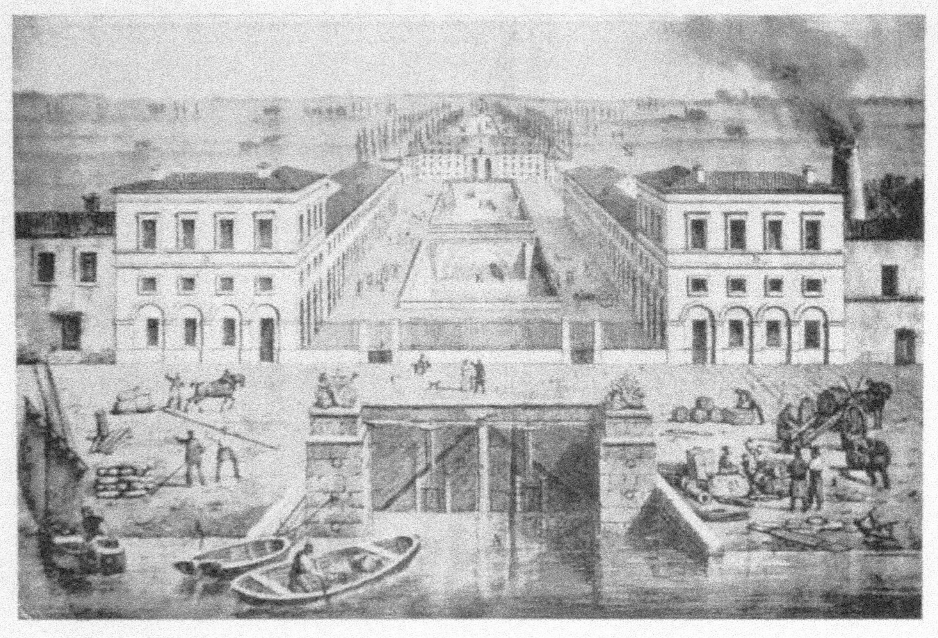

MOULINS des CHARTRONS, a Bordeaux,
où Johnston et Saint-Amans installèrent leur faïencerie en 1835,
d'après une lithographie du temps.

Le local que choisit David Johnston pour établir sa faïencerie était connu sous le nom de Moulins des Chartrons, il était situé sur le quai de Bacalan, au nord de la ville, et portait, sur ce quai, les numéros 77 et 79. C'était un vaste bâtiment qui avait été édifié en 1788, au bord de la rivière, par l'architecte Clochard, pour le compte des frères Teynac qui y avaient établi 24 meules mues par le flux de la rivière et pouvant moudre chaque jour quatre à cinq cents hectolitres de froment (1).

Dans ses *Annales de Bordeaux*, l'historien Bernadau a écrit, à la date du 8 septembre 1788 : « On a fait aujourd'hui le premier essai des moulins économiques nouvellement construits aux Chartrons. Les jurats y assistent. Ces moulins avaient coûté près d'un million. Les propriétaires étaient les frères Teynac et l'entrepreneur M. Gouffé. » L'établissement de ces moulins avait été autorisé par lettres patentes, et le 28 juillet 1785 le sieur Teynac avait demandé la permission à la Chambre de commerce de Guyenne, de créer 400 actions de 3,000 livres pour pouvoir terminer la construction de ces moulins (2).

Au bout de trois années, les vases de la Garonne avaient obstrué les canaux et les meules ne fonctionnaient plus. Pendant dix-huit ans, ensuite, l'établissement servit d'entrepôts de marchandises, puis le gouvernement y plaça l'entrepôt des tabacs en feuilles. M. Lafitte le rendit, vers 1832, à sa première destination de moulins à blé, en remplaçant l'action de l'eau par la vapeur et transforma les bassins en bains de natation. Cet état de choses dura jusqu'à la prise de possession des bâtiments, en 1834, par David Johnston qui en fit l'acquisition.

David Johnston monta de suite sa fabrique sur un très grand pied, il y engloutit plus de deux millions et, dès le début, il y employait plus de quatre cents ouvriers.

---

(1) *Rétablissement du Moulin des Chartrons situé sur les bords de la rivière à Bordeaux.* Bordeaux, impr. A. Brossier, 1828, in-4°, fig.

(2) Délibérations de la Chambre. Arch. de la Gironde, C. 4258.

Voici comment F. Jouannet décrit l'établissement après que M. Johnston y eut installé sa faïencerie (1) :

« Cette belle manufacture occupe en superficie une aire parallélogrammique d'environ 300 mètres sur 200 mètres. L'ensemble des édifices, qu'une grille de fer longue de 97^{m}45 sépare du quai, est d'un aspect imposant et agréable par sa régularité. Sur chacun des grands côtés règne, d'une extrémité à l'autre, une longue ligne d'arceaux surmontés d'un étage couvert en tuiles. A la tête de ces deux lignes, en façade sur le quai, on voit de chaque côté de la grille un pavillon à deux étages, mais dont le rez-de-chaussée et le premier s'harmonisent parfaitement avec le reste de la ligne. A l'autre extrémité, entre les deux ailes, s'élève le bâtiment principal, composé de quatre étages; la façade a 97^{m}45; l'espace intermédiaire entre ces grandes constructions et la grille est occupé par une vaste cour, au milieu de laquelle passe le long canal que fit creuser M. Teynac pour le service des moulins.

« Les salles du principal bâtiment contiennent les produits fabriqués : c'est là que le goût peut choisir entre cette multitude de grès colorés, de demi-porcelaines que les anglais appellent *iron-stone*, de faïences blanches dont l'émail résiste à la lime, de poteries diverses ornées de fleurs, de paysages ou de personnages, dont les jolis dessins sont empruntés à des planches gravées sur cuivre; enfin de toute espèce de vases, aux formes variées et souvent du meilleur goût. Les ateliers où se fabriquent ces produits, les magasins, le laboratoire de chimie, les gazettes, les moules, occupent au rez-de-chaussée et au premier étage, les deux longues lignes latérales; les pavillons qui les terminent sur le quai sont réservés aux bureaux de l'administration et à quelques pièces particulières.

« On compte dans la fabrique dix fours, tant grands que petits, un laboratoire de chimie, une machine à vapeur de la force de vingt-huit chevaux, dont le principal emploi est d'imprimer le mouvement à une mécanique destinée au mélange et

---

(1) *Statistique du dép. de la Gironde*, 1843, t. II, 2e partie, p. 350-351.

à la préparation des terres; utile perfectionnement qui, en épargnant les bras, donne aux terres un mélange plus intime, et dès lors une préparation plus favorable à la pureté des produits.

« La fabrique tire ses terres en grande partie du département; elle en tire aussi des départements voisins, et pour certains produits elle fait venir du kaolin des Pyrénées. Elle emploie pour combustible le bois dans les fours, le charbon de terre dans la machine à vapeur.

« Le nombre actuel des ouvriers occupés dans la fabrique est de 700 : tourneurs, tournasseurs, mouleurs, ajusteurs, appliqueurs, émailleurs, doreurs, hommes employés aux fours et à d'autres travaux. Les ouvriers ne sont point à la journée, mais aux pièces. Un règlement sévère et juste maintient partout l'ordre, et spécifie les amendes ou autres peines applicables à chaque nature de contravention. A ces mesures d'une prévoyante sagesse, M. Johnston en a joint d'autres, toutes de bienfaisance. L'organisation de secours mutuels entre les ouvriers leur garantit, en cas de maladie, des soins et 2 francs par jour; les vieillards ont une retraite quand ils se sont bien conduits. Enfin une école élémentaire pourvoit à l'instruction morale et religieuse des jeunes ouvriers. »

C'est Saint-Amans qui avait organisé, au point de vue technique, la nouvelle manufacture. Il y resta deux ans, de 1835 à 1837. Nous l'avons appris d'une manière certaine par le document suivant. En 1837, Saint-Amans quitta la faïencerie lorsque son organisation eut été terminée, et il passa avec Johnston un acte par devant Mᵉ Castéja, notaire à Bordeaux, acte dont le résumé que nous en avons pris va nous faire connaître le rôle important qu'avait joué Saint-Amans dans l'établissement de la manufacture de Bacalan.

L'acte est passé entre « David Johnston, négociant à Bordeaux, pavé des Chartrons, nº 18, de la maison Walter et David Johnston, pour le compte de laquelle il agit, et M. Pierre Boudon de Saint-Amans, chevalier de la légion d'honneur, demeurant sur son domaine de Lamarque, commune de Castel-Cuillez, arrondissement d'Agen. » Il est daté du 9 août 1837.

Il est rappelé qu'en 1835 diverses conventions verbales avaient été consenties entre M. de Saint-Amans et M. Johnston ; ce dernier désirant établir dans le moulin de Bacalan, sa propriété, une fabrique de poteries d'après les procédés anglais, Saint-Amans consacra, dans ce but, les secours de sa coopération et de ses connaissances spéciales.

M. de Saint-Amans s'est occupé depuis cette époque de tous les travaux de constructions, d'analyse et de combinaisons des argiles du département de la Gironde, ainsi que des procédés anglais, notamment des émaux durs qui doivent recouvrir les produits et dont il a remis un cahier à M. Johnston.

Plusieurs fournées ont été faites avec succès de ces poteries en grès blanc ou de couleur.

Et M. de Saint-Amans désirant se reposer et se retirer, cède à M. Johnston tous ses droits aux conditions suivantes :

M. de Saint-Amans, directeur jusqu'à présent de la manufacture de poteries anglaises, fondée par M. Johnston, n'aura plus que le titre de directeur honoraire. M. Johnston a la direction absolue de sa fabrique, mais les factures porteront cependant, gravées en tête, les trois médailles décernées à M. de Saint-Amans, et lorsque M. Johnston exposera pour la première fois, ses produits seront marqués du nom et du chiffre de Saint-Amans, pour que toute récompense nationale lui revienne de droit.

M. de Saint-Amans touchera, en échange de cette cession, une rente annuelle et viagère de six mille francs, à partir du 1er juillet 1838, avec des conditions spéciales en cas de décès d'une des parties (1).

David Johnston, resté seul directeur de la manufacture de Bacalan en 1837, après le départ de Saint-Amans, continua à diriger la faïencerie.

Nous pourrions à la rigueur arrêter ici notre étude sur l'ate-

---

(1) Cet acte a été publié sous le titre : *Traité fait devant Me Castéja, notaire à Bordeaux, entre M. D. Johnston et M. de Saint-Amans*. Paris, Firmin-Didot, 1839, in-8°. Nous n'avons jamais rencontré cette brochure et nous avons extrait notre analyse de la minute conservée en l'étude Castéja, aujourd'hui étude Denoix de Saint-Marc.

lier bordelais créé par le céramiste agenais, puisque Saint-Amans, qui fait l'objet de cette notice, n'en est plus le directeur, mais comme les produits fabriqués d'après ses procédés vont, après son départ, figurer dans diverses expositions et qu'il va être encore question de lui dans la distribution des récompenses accordées à ces produits, nous croyons devoir pousser un peu plus loin notre récit.

En 1838, David Johnston exposa à la Société philomathique de Bordeaux un fort lot de faïence comprenant plus de cent cinquante pièces de différents genres : 105 assiettes de modèles variés, des soupières, des sucriers de table assortis, des cabarets peints et dorés (services à café), des tête-à-tête, une grande quantité de pots marabout (pots de confiture), plusieurs cadres renfermant des fleurs de porcelaine tendre; « tous ces objets dorés sont garantis ineffaçables par frottement », dit le catalogue (1).

Dans un compte rendu de cette exposition nous lisons que David Johnston a obtenu une médaille d'or pour les belles poteries fines qu'il a exposées provenant de sa fabrique de Bacalan. L'auteur ajoute qu'il doit rappeler que c'est à M. de Saint-Amans que la France est redevable de l'importation des procédés anglais, que c'est lui qui créa la faïencerie de Lahens et Rateau et que la Société lui décerna une médaille d'or à l'exposition de 1830. Pour Johnston, il constate que « ses produits sont les plus beaux que l'on ait fabriqués en France et ils excellent par la qualité du biscuit et celle de l'émail, et les formes en sont bien composées ». M. Johnston a exposé des fleurs délicatement travaillées par le jeune Poter, enfant âgé de treize ans, fils de M. Poter dirigeant les travaux de fabrication, auquel M. Johnston donne les éloges les plus flatteurs. Ces fleurs sont en terre à porcelaine dite porcelaine tendre. Ce sont les cadres contenant des fleurs portés au catalogue (2).

Quant au rapporteur du jury, il écrivait de son côté : « Les

(1) Société philomathique : *Exposition des produits de l'industrie et de l'art. Catalogue*, Bordeaux, 1838.

(2) *Compte rendu de l'Exposition de Bordeaux de 1838*, Bordeaux, 1838.

poteries qu'avaient montrées en 1830 les talents de MM. Lahens et Rateau et de Saint-Amans, brillaient d'un nouvel éclat dans une vitrine remarquable organisée par M. D. Johnston, maire de cette cité, et entièrement garnie des produits de l'usine installée nouvellement par lui à Bordeaux, poteries simples, colorées et émaillées, poteries ornées de filets, à feuilles ou à impressions, tous les genres y étaient représentés par des pièces admirablement finies. Il n'est donc pas étonnant que l'unique médaille d'or dont dispose le jury soit attribuée à M. Johnston, à la fois pour la valeur de ses produits et l'intérêt de ses usines (1). »

Le 24 avril 1839 les membres de la section des beaux-arts de l'Académie de Bordeaux visitèrent la faïencerie Johnston et dans son rapport, M. Durand a écrit : « Grâce à M. David Johnston, la manufacture de poterie a été créée de toutes pièces, et déjà cette immense entreprise, bien que récente, produit des résultats trop remarquables pour qu'il soit possible de n'y pas voir le présage de nouveaux succès... M. Johnston s'est acquis de nouveaux droits à la gratitude de ses concitoyens en créant une industrie qui, en employant de 350 à 400 ouvriers, répand l'aisance là où régnait la gêne, substitue au travail honnête et lucratif à l'oisiveté et aux vices qu'elle traîne à sa suite... Ce n'est pas seulement une usine destinée à produire des bénéfices que M. Johnston voulait fonder... il avait l'intention de perfectionner les procédés en usage et il était décidé à n'épargner aucun sacrifice... (2). »

Cette même année 1839, Daniel Johnston envoya à l'exposition de Paris un lot très important des produits de la manufacture et fabriqués toujours d'après les procédés de Saint-Amans, et après l'exposition il offrit cette collection au Musée de Sèvres. Le catalogue du musée décrit plus de 80 pièces (3). L'examen de ces pièces nous eut été très utile pour pouvoir nous rendre compte de la fabrication de cet atelier à cette épo-

(1) Ch. Bénard : *Histoire des Expositions de Bordeaux*, 1899, gr. in-8°.
(2) *Actes de l'Académie de Bordeaux*, 1839, pp. 377-387.
(3) Brongniart et Riocreux. *Description méthodique du Musée céramique de la Manufacture royale de porcelaine de Sèvres*, 1845.

que, malheureusement elles sont enfouies dans des caisses, avec tous les produits céramiques du XIXe siècle, ainsi que nous l'avons fait déjà savoir en parlant des faïences de Lahens et Rateau.

Nous ne pouvons donc les faire connaître que d'après la désignation de ce catalogue qui a été d'ailleurs rédigé avec plus de soin et plus de détails que bien des catalogues plus modernes :

N° 129 (page 214). 17 pièces faïence fine perfectionnée à la manière anglaise, fabrication de M. David Johnston, donateur, exposition de 1839 :

a. — Trois assiettes dont une à contours et un pot à lait cannelé, anse levrette, en blanc.

Nous avons, dans notre collection, plusieurs de ces pots à lait cannelés, en gris, en brun ou nuance cannelle et vernissés, anse levrette à reflet métallique, avec la marque : MAN^re^ R^le^ DE BORDEAUX ou MANUF. ROYALE DE BORDEAUX, en creux, à la vignette, et ornements en relief.

b. — Deux assiettes à contours et un beurrier coquille, imprimés en bleu genre anglais.

c. — Une assiette plate ordinaire, imprimée en brun, par le procédé lithographique, sujets d'enfants, arabesques style renaissance.

d. — Une assiette à contours et un marabout bursiforme, fleurs chinoises peintes en coloris.

e. — Une cafetière turbiniforme, fond noir, fleurs coloriées par réserve.

f. — Une soupière ovale et son plateau, imprimée en bleu, fleurs, H. 0^m^27, L. 0^m^45 (pl. XLII, fig. 9).

g. — Un plat rectangulaire à rigoles, pour viandes rôties, ramages à fleurs rosacées, imprimé en bleu.

h. — Une assiette à reliefs, feuille d'acanthe en rosace, vernissée vert.

i. — Une assiette à reliefs, feuille de vigne ; une assiette à contours, imprimée en noir ; un vase style renaissance et un pot à crême rocaille imprimé en vert, genre anglais, pâte colorée pâle.

N° 137 (page 247). — Grès cérame, même provenance, même époque :

a. — Un marabout turbiniforme, un beurrier rond couvert et une théière cylindrique, ornements reliefs à osier, frises diverses molletées et guillochées.

b. — Un marabout forme baquet, et une tasse à thé semi-ove, à godrons, même pâte.

c. — Un pot à fleurs d'appartement et son sous-pot, pâte jaune-nankin, godrons reliefs, filets bleus peints.

d. — Deux pots à infusions, turbiniformes, mosaïque de marguerites en relief, l'un à pâte grisâtre, l'autre jaune-nankin.

e. — Un pot à lait burso-octogone, pâte rouge-orangé, filets verts peints.

f. — Un pot à decoction, turbiniforme, pâte jaune-nankin, frises rinceaux à figures et chimères, etc., en reliefs blancs appliqués.

g. — Une théière forme ruche, pâte jaune-paille.

N° 42 (page 330), six pièces porcelaine façon anglaise, blanche et colorée :

a. — Pot à lait à bas-reliefs, forme tronc d'arbre : Sylène soutenu par des satyres, etc., biscuit à l'extérieur, l'intérieur vernissé.

b. — Autre pot de même forme, pâte lilas, vernissé à l'intérieur seulement.

c. — Autre pot à lait à bas-relief, forme bursaire, buste de Walter Scott; au revers un trophée littéraire, porcelaine blanche.

d. — Pot à crème turbiniforme à ornements, style anglais dit rocaille, blanc.

e. — Un vide-poche ou porte-bijoux en forme de panier, bord chantourné à ornement, avec fleurs en relief, peintes suivant le naturel.

f. — Autre vide-poche en forme de panier à jour, pâte lilas.

N° 532 (page 408). — Un grand plateau rectangulaire et une assiette plate ordinaire en faïence fine perfectionnée, ornés de paysages, de fruits et d'arabesques, imprimés en lithographie, sous couvertes, par les procédés de M. Légé.

Ce procédé, inventé par un lithographe bordelais, Légé, dont nous avons déjà parlé dans notre paragraphe sur les faïences fines anglaises (p. 16), consistait à tirer les épreuves devant servir à l'impression, non sur des planches de cuivre, mais sur des pierres lithographiques.

Le catalogue de Sèvres ne donne pas, malheureusement, les marques des pièces exposées par Johnston à Paris, en 1839, mais elles appartiennent bien à la première époque de la Manufacture, procédés de Saint-Amans; ce sont, il est vrai, des pièces d'exposition, c'est-à-dire soignées d'une manière exceptionnelle, mais elles ont cet avantage pour nous de nous montrer l'habileté des ouvriers de la fabrique et les bons résultats des procédés de Saint-Amans.

On trouve aussi au Musée d'Agen toute une série de pièces de céramique dues à de Saint-Amans et offertes par lui à ce Musée, et notamment plusieurs objets de l'époque qui nous intéresse. Elles sont sous vitrines, mais un de nos amis, de passage dans cette ville (1), a pu en prendre pour nous la désignation suivante :

Un pot à lait de 17 centimètres de hauteur, en faïence vernissée à rayures, fond gris, ornements rouges sur le col de l'anse.

Un pot à lait en faïence vernissée, fond crème, ornements bruns en relief sur le devant, représentant un personnage faisant manger un aigle aux ailes déployées; sur les côtés, des branches de feuillage avec fleurs imprimées en brun et vert. H. 0m11.

Une petite théière de forme polygonale, fond bistre, en faïence vernissée, avec fleurs en relief de couleur brune, rayures vertes sur les angles, couvercle avec fleurs en relief de couleur brune.

---

(1) M. O. Charbonneau, pharmacien à Bordeaux, auquel nous nous faisons un devoir de renouveler ici nos remerciements.

Un pot au lait en faïence vernissée de couleur brune, avec ornements en relief sur tout le pourtour, représentant des scènes de chasse. H. 0m14.

Un pot au lait, même hauteur que le précédent et mêmes ornements en relief, avec scènes de chasse, faïence non vernissée, couleur grise.

Toutes ces pièces sont marquées Manre re de Bordeaux, donc première époque de Johnston.

A l'exposition universelle de 1900, M. Jacques Vieillard, directeur de la verrerie de Bacalan et descendant d'un des directeurs de l'ancienne manufacture qui nous occupe, a envoyé quelques-unes des belles pièces qu'il possède de la faïencerie Johnston-Vieillard et qu'il a bien voulu nous montrer tout dernièrement. Quelques-unes appartiennent à la première période de fabrication et le rapporteur les a décrites comme suit :

« Période de fabrication de D. Johnston.

« Pot à relief blanc, anse ouvragée, paysages de couleur rose imprimés.

« Pot à fond blanc, sujet bleu en relief, genre Wedgwood, émaillé.

« Sucrier en grès, genre anglais, nuance cannelle (1). »

En somme il est facile de se rendre compte, d'après les pièces que nous venons de faire connaître, que Saint-Amans a continué à appliquer chez Johnston les procédés dont il s'était servi chez Lahens et Rateau. Pendant son séjour à la manufacture il a fait fabriquer de ces faïences fines à la façon anglaise, de couleur grise, brune, jaune-nankin et jaune-paille, avec ornements en relief de couleurs différentes, et enfin il a commencé là à faire des faïences au décor d'impression. Les formes étaient anglaises, lourdes généralement, et les pièces de grande dimension. La pâte, blanche ou grise à la cassure, était composée d'argile blanche et de kaolin, le vernis était alcalin, au borax probablement.

---

(1) H. Sauzay, *Rapport sur le Musée centenal de la Céramique. Exposition de Paris, 1900.*

Daniel Johnston n'a employé que deux marques, à notre connaissance. La première était : « Manf^re r^le de Bordeaux » ou encore : « Manuf. royale de Bordeaux » sur deux lignes, appliquée en creux à la vignette. La seconde était : DANIEL JOHNSTON un peu cintré, au-dessous, le triple croissant bordelais accoté d'un numéro d'ordre et d'une lettre sur deux lignes, le tout à la vignette en creux. La première marque qui ne porte pas le nom de Johnston fut-elle employée pendant le séjour de Saint-Amans à la manufacture et la seconde après son départ ? C'est possible.

David Johnston avait monté sa fabrique sur une très grande échelle, comme nous l'avons déjà dit ; il fabriquait beaucoup et ne vendait pas assez et, en 1840, il dut augmenter son capital et former une société par commandite sous la raison sociale David Johnston et Cie. En 1844 la situation financière n'avait guère changé, la position personnelle de Johnston était très compromise, tous ses biens étaient grevés d'hypothèques, en un mot il était ruiné, la fabrique avait absorbé sa fortune. Il dut présenter un état aux commanditaires (1) qui demandèrent la liquidation de la société David Johnston et Cie, pour en former, en 1845, une nouvelle, sous la raison J. Vieillard et Cie. Jules Vieillard, ancien négociant à Paris, était attaché à la manufacture depuis 1840 pour y diriger la partie commerciale.

David Johnston mourut en 1854. Pour reconnaître les services qu'il avait rendus à l'industrie bordelaise, en créant la faïencerie de Bacalan, le gouvernement le nomma maire de Bordeaux en 1838 et le fit chevalier de la Légion d'honneur. Une des principales voies de la ville porte son nom.

Jules Vieillard dirigea alors la faïencerie jusqu'à sa mort, survenue en 1868. Il eut pour successeurs ses deux fils, Albert et Charles, décédés, le premier en 1895, le second en 1893. Après la mort de ces derniers, la manufacture éteignit ses

---

(1) *Rapport fait à l'assemblée générale de MM. les commanditaires de la Manufacture de poteries fines de Bordeaux, le 15 janvier 1844 par M. D. Johnston, gérant.* Bordeaux, 1844, in-4°.

fours, la liquidation de la société J. Vieillard et Cie était terminée en décembre 1895.

La manufacture bordelaise, créée en 1835 par David Johnston, avec le concours de Saint-Amans, avait eu, on le voit, de de longues années de prospérité. Ses produits, très connus et même très populaires, étaient recherchés non seulement à Bordeaux et dans le Sud-Ouest de la France, mais encore dans les colonies et à l'étranger. Nous nous proposons de consacrer à cet établissement tout un chapitre dans l'histoire des faïenceries bordelaises des XVIIIe et XIXe siècles à laquelle nous travaillons depuis longtemps et que nous espérons pouvoir publier prochainement, dans des temps meilleurs.

Quant à Saint-Amans, après avoir quitté Bordeaux, il se retira sur son domaine de Lamarque, près d'Agen, et continua à se livrer à des essais de céramique dont on peut voir quelques spécimens très intéressants dans les vitrines du Musée d'Agen auquel il les a légués. Il est mort le 1er mars 1858.

D'après les notes historiques que nous venons de donner sur les deux faïences bordelaises, on a pu se rendre compte du rôle important que Saint-Amans a joué dans la création de ces deux établissements. Comme nous l'avons vu, il avait échoué un peu partout dans ses tentatives, à Sèvres, à Creil, à Montereau, à Choisy-le-Roy, il échoua même dans le premier essai qu'il fit à Bordeaux avec MM. Lahens et Rateau. Partout ce sont les capitaux qui lui manquèrent. Mais il eut la bonne fortune de rencontrer dans cette même ville un riche et généreux capitaliste, M. David Johnston, qui lui fournit tous les fonds nécessaires à la création d'un grand établissement céramique. C'est donc grâce à la générosité de ce négociant bordelais et aux connaissances techniques de Saint-Amans et à ses procédés que Bordeaux a eu l'avantage de posséder, dans la seconde moitié du dix-neuvième siècle, une manufacture de faïence très florissante.

Nous croyons que cette partie de la vie du céramiste agenais n'était pas connue et cette simple notice ne pourra qu'être utile à l'erudit qui entreprendra de nous donner, un jour ou l'autre, un travail complet sur de Saint-Amans, sa vie et son œuvre.

TABLE DES MATIÈRES

www.ingramcontent.com/pod-product-compliance
Ingram Content Group UK Ltd.
Pitfield, Milton Keynes, MK11 3LW, UK
UKHW020410180726
13839UKWH00003B/1295

9 782329 240237